GUTES
GELD

NATHALIE SPENCER

GUTES GELD

CHANCEN ERKENNEN. WEGE ZUM FINANZIELLEN WOHLBEFINDEN.

 EDITION OLMS

Hinweis:
Gemeint sind stets alle Geschlechter.
Aus Gründen der Lesbarkeit wird auf die
Nennung der Formen verzichtet.

EDITION OLMS AG
Willikonerstr. 10
CH-8618 Oetwil am See/Zürich
Schweiz

Mail: info@edition-olms.com
Web: www.edition-olms.com

ISBN 978-3-283-01300-4

Deutsche Ausgabe
Copyright © 2019 Edition Olms AG, Zürich
Übersetzung: Stefanie Kuballa-Cottone
Lektorat: Beate Bücheleres-Rieppel
Satz: Weiß-Freiburg GmbH, Grafik und Buchgestaltung

Gestaltet und illustriert von Stuart Tolley (Transmission Design)

Bibliografische Information der Deutschen Bibliothek
Die Deutsche Bibliothek verzeichnet diese Publikation in der
Deutschen Nationalbibliografie; detaillierte bibliografische Daten
sind im Internet über http://dnb.ddb.de abrufbar

Printed in China

INHALT

EINLEITUNG   08

GEBRAUCHSANWEISUNG   10

01 DAS GELD UND WIR

01	Geld ist wichtig	18
02	Tief verwurzelte Vergangenheit	22
03	Fehl-Wünschen	28
04	Preis, Bußgeld und Anreiz	32

→ Toolkit 01–04   36
+ Zur Vertiefung   38

02 GELD IM ALLTAG

05	Vogel-Strauß-Taktik	44
06	Bar oder mit Karte?	48
07	Erschwernisse	54
08	Ein Schnäppchen! (Wirklich?)	58

→ Toolkit 05–08   62
+ Zur Vertiefung   64

03 RESILIENZ

09	Zufällig erfolgreich?	70
10	Die rosarote Brille	74
11	Die Aufmerksamkeitssteuer	80
12	Der Umgang mit Schulden	84
→	Toolkit 09–12	88
✚	Zur Vertiefung	90

04 LANGFRISTIG PLANEN

13	Lotteriespiel	96
14	Trau, schau, wem!	100
15	Warum fällt es so schwer, sich auf die Zukunft vorzubereiten?	106
16	Bereit für den Ruhestand?	110
→	Toolkit 13–16	114
✚	Zur Vertiefung	116

05 KLUG ENTSCHEIDEN

17	Können Sie mithalten?	122
18	Ziele setzen	126
19	Willenskraft	132
20	Mehr Freude durch Geldausgeben	136
→	Toolkit 17 20	140
✚	Zur Vertiefung	142
	Epilog	144
	Die Autorin	152

EINLEITUNG

Geld berührt unser Leben auf vielfältige Art und Weise. Zunächst ist es ein notwendiges Mittel, das wir gegen Nahrung und Dienstleistungen eintauschen und das uns hilft zu überleben. Aber es ist auch ein Maßstab für den Stellenwert, den wir anderen und uns selbst zuweisen. Mit Geld kaufen wir Dinge, die wir brauchen (Essen und Unterkunft), und Dinge, die wir ganz sicher nicht brauchen (diamantenbesetzte Autos), erwerben Objekte oder Erfahrungen, die uns Freude bereiten, erleben aber auch Anspannung, Stress und Sorge. Was ist ein guter Umgang mit Geld?

Finanzielles Wohlbefinden bedeutet, gut über die Runden zu kommen, langfristig planen und auf unvorhergesehene Zwischenfälle reagieren zu können. Dafür maßgeblich ist nicht nur ein solides Finanzwissen, sondern unser gesamtes Verhalten und die Entscheidungen, die wir treffen: wie wir unser Geld ausgeben, sparen und für uns arbeiten lassen. Dies hängt von zahlreichen psychologischen Faktoren ab, und je besser wir über sie Bescheid wissen, desto eher sind wir in der Lage, die richtigen Entscheidungen zu treffen.

Forscher haben herausgefunden, dass viele Menschen sich mit Gelddingen schwertun. Dies gilt nicht nur für Geringverdiener – auch Menschen mit hohen Gehältern scheitern daran, ihr Geld gut zu verwalten. Man schätzt, dass in Europa eine von fünf Personen Probleme hat, die monatliche Miete oder Hypothek zu bezahlen. Die meisten haben weniger als drei Monatsgehälter auf der hohen Kante, ein Drittel hat überhaupt keine Ersparnisse und ist den Unwägbarkeiten des Lebens schutzlos ausgeliefert – Heizung kaputt, Eltern krank, Job weg. Ohne finanziellen Puffer sind die verschiedenen Verpflichtungen kaum unter einen Hut zu bringen.

Natürlich geht es im Leben nicht nur darum, Reichtümer anzuhäufen. Geld ist nicht alles und ein Garant für Glück schon gar nicht. Aber eine Verbesserung der finanziellen Lage hat Vorteile. Vermögensaufbau bewahrt vor bösen Überraschungen und eröffnet Möglichkeiten, die andernfalls vielleicht unerreichbar wären. Wohlstand kann selbstverstärkend wirken: Finanzielle Engpässe ziehen weitere Probleme nach sich, während finanzielles Wohlbefinden neue Chancen bietet.

Auf den folgenden Seiten erfahren Sie, warum unser Geldverhalten nicht immer geradlinig ist und selten den Leitlinien traditioneller Wirtschaftslehrbücher folgt. Diese gehen gerne davon aus, dass jeder Mensch gut rechnen kann, Tabellen liebt, Entscheidungen stets abwägt und willensstark ist. Doch die Wirklichkeit

Ein tieferes Verständnis der Natur des Menschen kann die eigene Entscheidungskompetenz verbessern und einen Ausweg aus der Abwärtsspirale finanzieller Unsicherheit eröffnen hin zu finanziellem Wohlbefinden.

sieht anders aus. Wir sind Menschen, mit menschlicher Psyche und menschlicher Auffassungsgabe. Oft kommen wir gut zurecht, aber manchmal schaden wir uns selbst, z. B. wenn das Gefühl, man müsste *wirklich* seine Schulden in den Griff bekommen, sich mit dem ebenso mächtigen Widerwillen paart herauszufinden, wie hoch der Schuldenberg tatsächlich ist. Dieses Buch vermittelt Methoden, die dabei helfen, in solchen Fällen das Steuer herumzureißen. Ein tieferes Verständnis der Natur des Menschen kann die eigene Entscheidungskompetenz verbessern und einen Ausweg aus der Abwärtsspirale finanzieller Unsicherheit eröffnen hin zu finanziellem Wohlbefinden.

Teil 1 behandelt verschiedene Einstellungen zum Thema Geld, wie es eine Situation verändern kann und wie der

schier unerbittliche Druck und Zwang, nach dem Besseren oder Größeren zu streben, mit Entwicklungspsychologie und gesellschaftlichen Normen zusammenhängt.

Die Teile 2, 3 und 4 erkunden Denkgewohnheiten und Verhaltensmuster, die das Erreichen finanziellen Wohlbefindens sabotieren. Statt nur über die Runden zu kommen, gilt es, einen finanziellen Puffer für unerwartete Einkommenseinbrüche oder Kostenexplosionen aufzubauen und langfristig zu planen mit dem Ziel, künftig Wahlmöglichkeiten und ein angenehmes Leben zu haben.

In Teil 5 betrachten wir Ansätze, die helfen, Kurs zu halten, und zeigen, wie Sie Ihr Geld klug ausgeben und dabei das eigene finanzielle und allgemeine Wohlbefinden im Auge behalten können.

Dieses Buch bietet keine Zauberformel für sofortigen Reichtum! Es enthält keine auf Sie zugeschnittenen Empfehlungen – wir sind keine Finanzberater! Die hier vorgestellten Gedanken basieren auf jahrzehntelangen Forschungen der Verhaltenswissenschaft. Sie beziehen verschiedene Aspekte der menschlichen Natur mit ein, um einige unserer eigenartigen Verhaltensweisen im Umgang mit Geld erklären zu helfen, und können vielleicht dazu beitragen, Ihnen den Weg zu einem guten Umgang mit Geld zu weisen.

GEBRAUCHSANWEISUNG

Fünf Kapitel und zwanzig
Lektionen behandeln spannende
aktuelle Erkenntnisse aus der
Verhaltenswissenschaft und dem
privaten Finanzwesen.

Jede Lektion stellt ein bedeutendes
Konzept vor …

… und erklärt, wie man das Gelernte
im Alltag anwenden kann.

Die über das Buch verteilten TOOLKITS helfen, den Überblick über das Gelernte zu behalten.

Am Ende jedes Kapitels geben ausgewählte Tipps Anregungen ZUR VERTIEFUNG der Aspekte, die Sie am interessantesten fanden.

BUILD +
BECOME

Mit dieser neuen visuellen Reihe wollen wir Ihnen Wissen und Inspiration vermitteln.
BUILD + BECOME hilft, unsere sich rasant wandelnde Welt besser zu verstehen.
Ob man hierbei Schritt für Schritt vorgeht oder alles in einem Rutsch durcharbeitet — es lohnt, sich auf die Themen einzulassen. Genießen Sie es, Ihre grauen Zellen auf Trab zu bringen!

WAS BE
ES, GUT
GELD UM
ZU

DEUTET MIT GEHEN KÖNNEN?

DAS GELD UND WIR

LEKTIONEN

01 GELD IST WICHTIG
Worüber wir sprechen, wenn wir über Geld reden.

02 TIEF VERWURZELTE VERGANGENHEIT
Warum kaufen wir (so viele Dinge, die wir nicht brauchen)?

03 FEHL-WÜNSCHEN
Wissen wir überhaupt, was uns froh macht?

04 PREIS, BUSSGELD UND ANREIZ
Geld verändert die Situation.

Unser Verhältnis zu Geld ist das Ergebnis von sehr persönlichen Werten und Erfahrungen und ist außerdem situationsabhängig.

Geld ist nicht nur ein Transaktionsmittel, das gegen Güter und Dienstleistungen eingetauscht wird. Wie wir zu Geld stehen und was wir damit machen, hängt stark von unserer Persönlichkeit ab. Es wäre naiv, die enorme Bedeutung zu bezweifeln, die es in unserem Leben hat. Geld macht weit mehr, als für materielle Bequemlichkeit zu sorgen.

Wie kommen wir zu Geld? Die einen verdienen es mit einer Arbeit, die sie lieben (oder hassen), andere haben es von einem geliebten Menschen geerbt. Vielleicht ist es das Ergebnis kluger Investitionen, oder wir werden von jemandem finanziell unterstützt. Was wir mit unserem Geld tun, spiegelt in gewissem Maße wider, wer wir sind, unsere Erwartungen und Werte.

In den ersten Lektionen erfahren wir, dass unser Verhältnis zu Geld das Ergebnis vieler Faktoren ist, wie z. B. unserer Persönlichkeit, unserer vergangenen Erfahrungen und der Symbolik, die es für uns hat. Ist Reichtum das Mittel zur Macht? Zur Autonomie, Elite, Liebe gar? Vielleicht alles zusammen. Unsere evolutionäre Vergangenheit lässt vermuten, dass die Vehemenz, mit der wir Reichtum ansammeln und zur Schau stellen, in dem tief sitzenden Wunsch wurzelt, attraktiv genug zu sein, um eine Familie zu gründen.

Zwar empfinden wir diesen Druck heute vielleicht nicht mehr in der gleichen Weise, neigen aber zu der Überzeugung, dass uns bestimmte Dinge glücklich machen oder uns ein bestimmter Lebensweg Erfüllung bringt. Forscher fanden heraus, dass unsere Voraussagen in diesem Bereich nicht immer zutreffend sind. Daher kann es schwierig werden, sich sicher zu sein, wonach es zu streben gilt.

Außerdem bedeutet unser komplexes Verhältnis zu Geld, dass eine Situation sich verändert, sobald Geld ins Spiel kommt. Es kann eine soziale Interaktion in eine Markttransaktion mit vollkommen anderen Eigenschaften verwandeln, manchmal mit überraschenden Folgen. Legen wir los!

GELD IST WICHTIG

Kennen Sie dieses Gefühl, wenn Ihnen plötzlich klar wird, dass die Person, die Sie so gut zu kennen glaubten, absolut anders ist als Sie, wenn es ums Geld geht? Das kann eine Freundin sein, jemand aus der Familie oder sogar Ihr Partner, aber es fühlt sich so an, als käme die Person vom Mars. *„Wie viel* hast du dafür bezahlt?!" – „Was regst du dich auf, genieß mal das Leben!" – „Bist du sicher, dass du dir das leisten kannst?" oder gar: „Hör auf, mir Sachen zu kaufen!"

Wenn wir über Geld reden, geht es um viel mehr als den reinen Transaktionswert. Es gibt zahllose verschiedene „Geld-Typen", je nachdem, wie sehr das Geldausgeben Vergnügen oder Pein bereitet, welcher symbolische Wert und welche Bedeutung Geld beigemessen wird oder wie gut (bzw. schlecht) der Umgang damit gelingt.

„Geizhals" und „Verschwender" sind Begriffe, die wenig wissenschaftlich klingen, aber sie tauchen in Forschungsarbeiten über die Freuden und Qualen des Geldausgebens auf. 2008 entwickelte Scott Rick mit seinen Kollegen von der Universität Michigan eine Skala, um zu messen, ob Menschen es als sehr schmerzhaft empfinden, Geld auszugeben („Geizhals"), als nicht schmerzhaft genug („Verschwender") oder irgendwo dazwischen liegen. Während die Mehrheit der Befragten im Mittelfeld lag, erwies sich eine Person von fünf als Geizhals, gleichzeitig aber auch eine von fünf als Verschwender.

Zu Geiz zu neigen, ist nicht das Gleiche, wie genügsam zu sein. Genügsamkeit bedeutet, Freude am Sparen zu haben. Geizkragen hingegen schmerzt es so sehr, sich von ihrem Geld zu trennen, dass sie sich oft etwas verwehren, das sie im Nachhinein wirklich gerne gehabt hätten.

Sind Sie mit jemandem verpartnert, der bzw. die sich am anderen Ende des

Spektrums befindet? Damit sind Sie nicht alleine! Es überrascht nicht, dass Rick und Kollegen entdeckten, dass in diesen gemischten Partnerschaften häufiger über Geld gestritten wird. Geizige Paare stehen finanziell tendenziell besser da als verschwenderische, und gemischte Paare rangieren irgendwo dazwischen.

Natürlich ist das nicht die einzige relevante Kategorie, wenn es um unsere Einstellung zu Geld geht. Wie steht es um die Bedeutung, was ist Geld jenseits der materiellen Güter, die wir damit erwerben können, für uns? Britische Forscher fragten über 100.000 Menschen, was Geld ihnen bedeutet. Für einige scheint Geld *Liebe* zu verkörpern: Durch materielle Großzügigkeit wird Zuneigung signalisiert.
Für andere bedeutet es *Macht*, die Möglichkeit, Kontrolle auszuüben oder einen Status zu erreichen. Eine dritte Gruppe sieht Geld als *Sicherheit*, ein vierte als Garant für *Autonomie* – der Weg zu Freiheit.

In den meisten Studien scheint die Einstellung zu Geld weitgehend unabhängig von Einkommen und Bildungsniveau zu sein. Aber es gibt eine Korrelation mit der Wahrscheinlichkeit, eine negative finanzielle Erfahrung zu machen, also z. B. das Konto überziehen zu müssen, kein Darlehen zu bekommen oder eine Pfändung zu erleben: Wer Geld mit Macht assoziiert, hat mit höherer Wahrscheinlichkeit eine der genannten Situationen erlebt als jemand, der Geld mit Sicherheit verbindet. Hierbei darf nicht übersehen werden, dass diese Studien nur etwas über Korrelationen aussagen, nicht über die Kausalität. Es kann also sein, dass das Erleben einer dieser Situationen Ihr Verhältnis zu Geld beeinflusst, aber nicht umgekehrt.

DER KONTEXT ZÄHLT

Wie ist Ihr Verhältnis zu Geld? Was bedeutet es Ihnen? Welche Faktoren Ihres bisherigen Lebens könnten Ihre heutige Beziehung zu Geld geprägt haben?

Die eigene Einstellung zu Geld und die Entscheidungen, die man trifft, zu hinterfragen, ist eine gute Idee. Haben Sie sich in einer der Beschreibungen auf der vorhergehenden Seite wiedergefunden? Es kann trösten, dass andere Leute ähnlich denken. Aber lassen Sie sich davon nicht einengen: Nur weil Sie in vielen Situationen eher zu Typ A als zu Typ B tendieren, heißt das nicht, dass das immer so sein wird, und schon gar nicht, dass es so sein muss.

Der Kontext formt unsere innere Landkarte. Das Land, in dem wir leben, beeinflusst, wie viel wir für

Gesundheitsversorgung und Wohnen ausgeben oder für die Rente zurücklegen. Kultur und Sprache prägen die mentalen Muster, durch die wir uns die Welt erschließen. Der Beruf bestimmt den Verdienst. Kindheitserlebnisse können für Einstellungen verantwortlich sein, die erst viele Jahre später, in schwierigen Phasen, zutage treten.

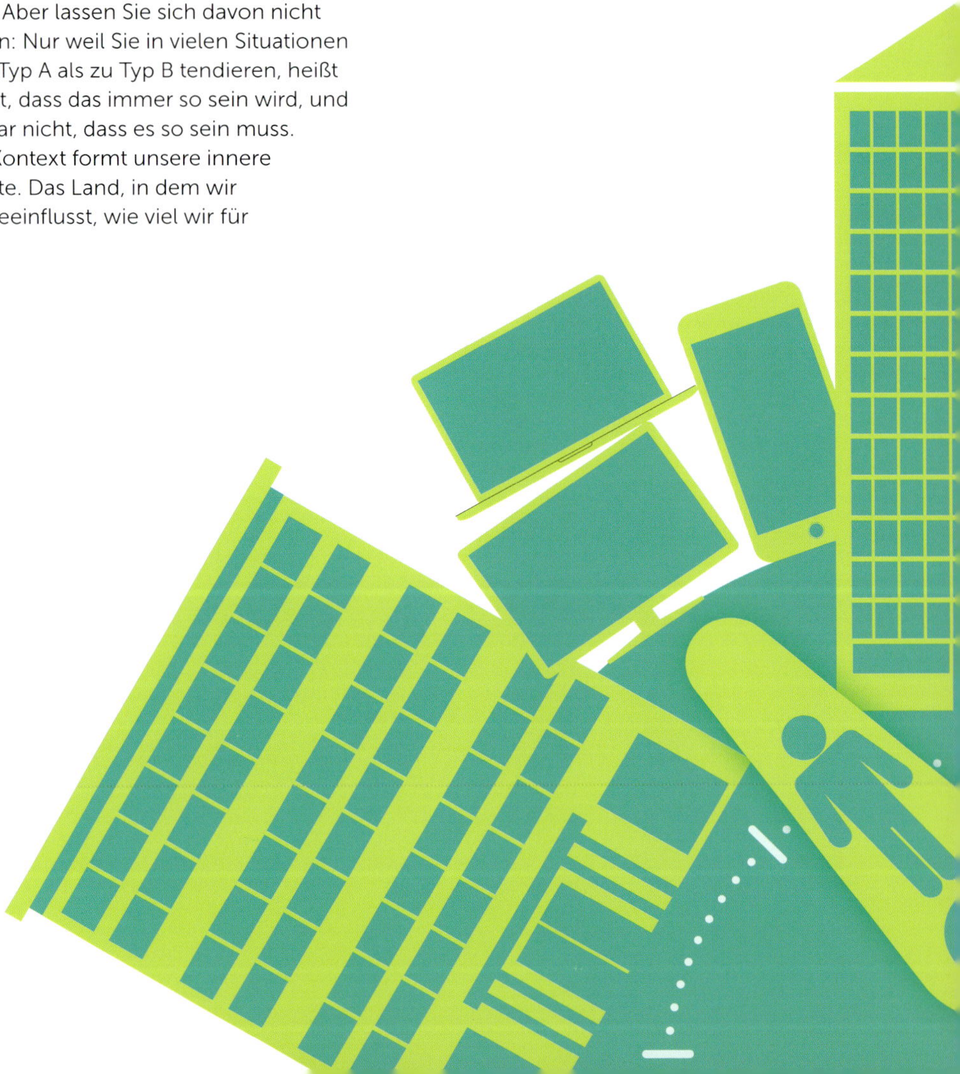

Ein Team um den Psychologen Vladas Griskevicius untersuchte das Verhalten von Menschen in Zeiten des Mangels wie z. B. einer Rezession und fand heraus, dass Personen, die mit geringen finanziellen Mitteln aufgewachsen waren, im Vergleich zu Angehörigen einer sozioökonomisch höher angesiedelten Gruppe impulsiver handelten und kurzfristige Belohnungen späteren, besseren Erträgen vorzogen. In guten Zeiten werden diese Unterschiede nicht sichtbar.

Natürlich sind nicht nur vergangene Erlebnisse relevant, auch unser aktuelles Umfeld beeinflusst unsere Geldentscheidungen, indem es unsere innere Landkarte formt. Wird bei geizigen Menschen der „Schmerz des Bezahlens" (vgl. Lektion 6) gelindert, kann das ihr Geldausgabeverhalten systematisch verändern. Durch die schlichte Betonung, ein Preis sei niedrig, etwa indem man von einer „kleinen Gebühr von 5 Euro" spricht, erhöht sich die Wahrscheinlichkeit, dass ein Geizkragen das Produkt kauft. Hier zeigt sich, wie wichtig das Entscheidungsumfeld für das Verhalten ist.

Sie sehen: Unser Verhältnis zu Geld hängt von vielen verschiedenen Faktoren ab. Das Nachdenken über unsere Beziehung zu Geld hilft, einen Schritt zurückzutreten und eine Bestandsaufnahme zu machen mit dem Ziel, Dinge, mit denen wir zufrieden sind, beizubehalten, und Dinge, die wir ändern wollen, in Angriff zu nehmen.

TIEF VERWURZELTE VERGANGENHEIT

Designerschuhe, schicke Autos, teure Klunker ... warum üben diese Dinge eine so große Anziehungskraft auf uns aus?

Stellen Sie sich vor, Sie wollen ein richtig protziges Auto kaufen. Der Kofferraum ist winzig, die Sitze viel zu niedrig – total unpraktisch, aber die Karre sieht einfach umwerfend aus! Jetzt stellen Sie sich die gleiche Situation vor, nur dass niemand außer Ihnen da ist, Sie sind der letzte verbliebene Mensch auf Erden. Wie denken Sie jetzt über den Kauf? Wozu ein schickes Auto, wenn niemand sonst es sehen kann?

Dieses Gedankenexperiment macht deutlich: Viele Dinge kaufen wir nicht nur, weil wir persönlich sie schön und nützlich finden, sondern wegen der Bedeutung, die andere ihnen zuschreiben. Für einen Großteil dieses Kaufverhaltens hat die Evolutionspsychologie eine Erklärung parat. Forscher wie Doug Kenrick, Vladas Griskevicius, Gad Saad und Geoffrey

Miller gehen davon aus, dass der Drang, bestimmte evolutionäre Ziele zu erreichen, Kaufneigungen und das Verlangen, Geld auszugeben, erklären kann. Diese Ziele lauten: Sicherheit, Krankheitsabwehr, Freundschaften schließen, Statusgewinn innerhalb einer Gruppe, Liebespartner finden (und halten) und die Sorge für Nachkommen und Verwandte. Wenn eines dieser Ziele unser Denken bestimmt, kann das die Art und Weise beeinflussen, wie wir Geld ausgeben.

Forscher unterscheiden zwischen grundlegenden und unmittelbaren Antrieben für unser Verhalten. Beide sind aufschlussreich.
01. Unmittelbare Antriebe bieten die oberflächliche Erklärung für unser Tun.
02. Grundlegende Motivsysteme sind die eigentlich ausschlaggebende Ursache für unser Handeln.

01

02

Dies ist eine wichtige Unterscheidung, denn wenn wir nur die unmittelbaren Antriebe betrachten, erscheint manches Verhalten paradox und wird erst durch die dahinterliegende grundlegende Motivation verständlich. Wenn Sie z. B. versucht sind, das schicke Auto zu kaufen, ist der unmittelbare Antrieb Ihre Schwäche für die weichen Ledersitze, aber dahinter steckt möglicherweise die grundlegende Motivation, mit dieser Zurschaustellung von Wohlstand potenzielle (Geschlechts-) Partner zu beeindrucken.

Natürlich sind wir alle individuell verschieden, mit unterschiedlichen Persönlichkeiten, Fähigkeiten und Erfahrungen, sodass nicht jeder gleichermaßen auf solche Anreize reagiert. Hinzu kommt, dass die Theorie, Konsum werde von evolutionären Antrieben gesteuert, umstritten ist, da sie schwer zu beweisen (oder zu widerlegen) ist. Dennoch bietet sie einen interessanten Ansatz, über unseren (Über-)Konsum nachzudenken.

GRUNDANTRIEBE

Der Wunsch, unsere „Fitness" (im Sinne der reproduktiven Fitness) zu signalisieren, führt dazu, dass wir versucht sind, mehr auszugeben als nötig, auffällige Dinge zu kaufen, um potenzielle Partner oder Freunde zu beeindrucken oder uns zu einer bestimmten Gruppe zugehörig zu fühlen. Man könnte sagen: Je teurer und übertriebener das Produkt, desto glaubwürdiger, weil fälschungssicherer, das Signal. Und weil Auffälligkeit relativ ist, kann dies dazu führen, dass man immer mehr Geld ausgibt.

Man nimmt an, dass die grundlegenden Motivsysteme Einfluss darauf haben, wie und wofür wir unser Geld ausgeben. Wenn z. B. *Selbstschutz* für uns an erster Stelle steht, geben wir vielleicht bereitwilliger Geld für Alarmsysteme, Schlösser und die Polizei (durch Steuern) aus, um uns sicher zu fühlen. Wenn unser Sitznachbar hustet, kann das Strategien zur *Krankheitsvermeidung* aktivieren, sodass wir Menschenmassen meiden oder gar nicht mehr vor die Tür gehen.

Ist der Antrieb *Freunde und Bündnispartner gewinnen* aktiv, sind wir laut Nicole Mead und Kollegen eher bereit, Geld für Produkte auszugeben, die eine Gruppenzugehörigkeit demonstrieren (z. B. das T-Shirt eines Vereins) oder die von anderen Leuten

gemocht werden, in der Hoffnung, sozial integriert zu werden. Die Motivation *Statusgewinn* kann beruflichen Ehrgeiz erklären, aber auch den übermäßigen Konsum von Luxusgütern, weil damit Status zur Schau gestellt werden kann.

Die Ziele *Partnergewinn, Partnerbindung* und *Familienfürsorge* äußern sich in der erfolgreichen Weitergabe der eigenen Gene an die nächste Generation. Wer auf Partnersuche ist, will attraktiver als die Konkurrenz erscheinen und gibt eher Geld für sein Aussehen aus. Wenn wir einen Partner haben, erklärt der Wunsch, die Beziehung aufrechtzuerhalten, warum Geburtstagsgeschenke und andere Zeichen der Zuneigung so wichtig sind. Und wir investieren Zeit, Energie und Geld, um unseren Familienangehörigen eine erfüllende Zukunft zu ermöglichen.

Natürlich wirken diese grundlegenden Motive nicht immer in die gleiche Richtung. Der Wunsch nach Selbstschutz führt eher zu Verhaltenskonformität (in einer Gruppe aufgehen, von der Sicherheit der Vielen profitieren), während jemand, der die Aufmerksamkeit eines potenziellen Partners sucht, aus der Masse herausstechen will. Indem Händler an ein bestimmtes Ziel appellieren, können sie uns dazu bringen, eine bestimmte (tendenziell teurere) Ware oder Dienstleistung zu bevorzugen – oder sogar verschiedene Ausführungen eines Produkts, die unterschiedliche evolutionäre Ziele bedienen.

Selbstbeobachtung kann helfen, unterschwellige Antriebe aufzudecken. Warum wollen Sie – laut der hier vorgestellten Theorien – dieses Produkt wirklich? Welcher unmittelbare Antrieb ist für Ihren Kauf verantwortlich, welcher Grundantrieb? Versuchen Sie, mit diesem Kauf etwas zu signalisieren, und wenn ja, was?

Die Antworten auf diese Fragen führen nicht notwendigerweise zu der Schlussfolgerung, dass Sie das Produkt nicht kaufen sollten, aber allein die Tatsache, dass Sie darüber nachgedacht haben, könnte dazu führen, dass Sie beschließen, das Produkt letztlich nicht zu kaufen – oder etwas ganz anderes zu wollen.

WENN ES GEHT, ENTSCHEID KONTEXT

UM GELD IST DER UNGS-WICHTIG.

FEHL-WÜNSCHEN

„Wenn ich ein größeres Haus hätte, wäre ich glücklicher." Klingt nachvollziehbar, aber ist es auch wahr? Wir sind nicht sehr gut darin vorherzusehen, wie glücklich oder unglücklich uns ein bestimmter Umstand machen wird. Nicht selten geben wir Geld für Dinge aus, die unser Wohlbefinden nicht verbessern oder sogar verschlechtern.

Was Menschen in der Regel ganz gut können, ist die Voraussage, wie sich eine bevorstehende Veränderung auf ihre Gefühle auswirken wird. Wir können sagen, dass ein Abend mit Freunden uns ein gutes Gefühl geben wird, und ein Schlag ins Gesicht ein schlechtes. Was wir aber nicht gut einschätzen können, ist die Bedeutung eines einzelnen Ereignisses und die Dauer dieser künftigen Gefühle.

KOGNITIVE VERZERRUNG

Indem wir all unsere Aufmerksamkeit auf ein einzelnes Ereignis richten, unterschätzen wir, dass andere periphere Teile unseres Lebens von der Veränderung betroffen sein könnten. Sie können gleich bleiben, sich verbessern oder verschlechtern, und zwar so sehr, dass der Nutzen oder die Nachteile der Veränderung aufgehoben werden. Oder sie lenken uns einfach nur von den Auswirkungen des im Zentrum stehenden Ereignisses ab.

Wir neigen auch dazu, die Geschwindigkeit zu unterschätzen, mit der wir uns an zum Positiven oder zum Negativen veränderte Bedingungen anpassen können. Philip Brickman und Kollegen fanden in den 1970er-Jahren heraus, dass Lotteriegewinner nach einer gewissen Zeit ihren Zufriedenheitsgrad genauso einschätzen wie jemand, der nicht im Lotto gewonnen hat. Die Forscher erklären das damit, dass nach einem positiven oder negativen Ereignis eine Anpassung an den neuen Lebensstil erfolgt — wir gewöhnen uns an die neue Norm, unseren neuen Normalzustand (s. Lektion 17).

FEHL-WÜNSCHEN

Häufig ge- oder missfällt uns eine Veränderung nicht so sehr, wie wir vorher dachten. Aber wer kann, wenn wir so schlecht im Vorhersagen sind, beurteilen, ob das, was wir anstreben, die bestmögliche Veränderung ist? Die Professoren Tim Wilson und Dan Gilbert sprechen von *miswanting*, **„Fehl-wünschen": Ein größeres Haus zu kaufen scheint auf den ersten Blick eine super Idee zu sein, lässt aber reale Fakten außer Acht — auch im neuen Haus müssen Rechnungen bezahlt werden, und der blöde Arbeitskollege ist immer noch da. Bald fühlt sich das größere Haus normal an, der Glücksrausch ist abgeklungen.**

Viele Forscher versuchen herauszufinden, was uns glücklich macht, wenn wir „genug" haben, um das Lebensnotwendige abzudecken. Das Netzwerk „Lösungen für eine nachhaltige Entwicklung" der Vereinten Nationen (SDSN) stellte fest, dass auf Landesniveau das Einkommen zwar relevant ist, aber auch andere wichtige Faktoren wie Gesundheit (Lebenserwartung), Menschen, auf die man sich in schweren Zeiten verlassen kann, Großzügigkeit, Freiheit und das Vertrauen in Institutionen. Diese Faktoren beeinflussen unsere Lebenszufriedenheit insgesamt. Wenn es um die alltägliche Stimmungslage geht, sorgen kurze Wege zur Arbeit, Zeit mit Freunden, regelmäßiger Geschlechtsverkehr und weniger Meetings mit dem Chef für mehr Zufriedenheit. In Lektion 20 werden wir einige Methoden kennenlernen, wie man die Glücksausbeute erhöhen kann.

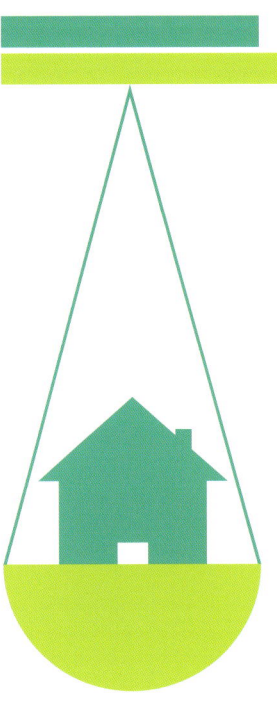

MIT ALLEN MÄNGELN

Eine korrekte Vorhersage, wie wir auf eine
Veränderung reagieren, fällt schwer, aber wir
können üben, besser darin zu werden.

Um die Bedeutung einer einzelnen
Veränderung im Leben nicht zu
überschätzen, hilft es, sich die Zukunft
einschließlich aller Mängel vor Augen zu
führen. Konkret gelingt das, indem wir
nicht nur die eine fragliche Veränderung
beschreiben, sondern auch alle anderen
Dinge, die Teil unseres künftigen Lebens
sein werden. Häufig bleiben die alltäglichen
Dinge des Lebens nämlich, wie sie sind –
Streit in der Familie, Besorgungen machen,
Wäsche waschen usw.

Dieser Ansatz funktionierte, als Wilson
und Kollegen sportbegeisterte Studenten
um eine Einschätzung baten zu erklären,
wie sie sich nach einem Sieg bzw. einer
Niederlage ihrer Lieblingsmannschaft fühlen
würden. Die Hälfte der Studenten sollte
außerdem aufschreiben, was sie am Tag
des Spiels voraussichtlich sonst noch tun
würden: studieren, essen, sich mit Freunden
treffen usw. Diese Gruppe sagte weniger
starke Auswirkungen des Spielergebnisses
auf ihr Leben voraus als die andere
Gruppe – und behielt recht.

Die Auswirkungen einer einmaligen
Veränderung, ob positiv oder negativ,
können von kurzer Dauer sein. Die Tatsache,
dass wir uns an veränderte Verhältnisse

Die Auswirkungen einer einmaligen Veränderung sind oft kurzlebig, weil wir uns an die veränderte Situation gewöhnen.

gewöhnen, bedeutet nicht, dass wir alle zum Fatalismus verdammt sind, zeigt aber, wie wichtig es ist, eingehend darüber nachzudenken, welches Leben wir anstreben. Erfahrungen fallen stärker ins Gewicht als materielle Güter; sie sind es, die im Gedächtnis bleiben, daher ist die Wahrscheinlichkeit, sich anzupassen und die Freude daran zu verlieren, eher gering. Die Erinnerung an dieses besondere Essen, das Ihre Mutter vor fünf Jahren für Sie gekocht hat, oder an den schönen Italienurlaub ist mit nichts zu vergleichen.

Umziehen? Wägen Sie ab: ein größeres, außerhalb gelegenes Haus vs. kurze Wege zur Arbeit. Weniger Zeit mit Pendeln zu verlieren, ist für sich allein genommen schon ein Garant für mehr Zufriedenheit, und die gesparte Zeit können Sie für andere soziale Aktivitäten nutzen, die ebenfalls nachweislich die Stimmung aufhellen.

Mehr Geld macht zwar nicht automatisch glücklicher, aber Geldmangel kann sehr unglücklich machen. Beim Visualisieren und Planen unserer Zukunft ist es wichtig, einen finanziellen Puffer für unerwartete Ereignisse einzubauen.

PREIS, BUSSGELD UND ANREIZ

Nehmen wir an, Sie wären Politiker und wollten erreichen, dass die Leute aufhören, auf Bäume zu klettern. Wie würden Sie vorgehen? Sie könnten die Leute freundlich darum bitten, Verbote aussprechen oder versuchen, sie zu erziehen – wenn sie um die Gefahren wüssten, würden sie sicher aufhören, auf Bäume zu klettern!

Sie könnten auch Geld einsetzen, das Klettern mit einem Bußgeld belegen. Normalerweise würde man erwarten, dass man jemanden dazu bringen kann, etwas öfter zu tun, indem man ihn finanziell dafür belohnt, und wenn man will, dass etwas weniger häufig getan wird, macht man es teurer. Das funktioniert in vielen Situationen, aber Geld ist nicht das einzige und auch nicht das beste Instrument, um uns zu motivieren oder unser Verhalten zu beeinflussen.

Wenn Geld ins Spiel kommt, wird aus einer sozialen Transaktion eine Markttransaktion – mit überraschenden Folgen. Die Verhaltenswissenschaftler Uri Gneezy und Aldo Rustichini wollten das Problem angehen, dass Eltern ihre Kinder zu spät aus der Kita abholen. 20 Wochen lang studierten sie in zehn verschiedenen Kitas in Haifa (Israel) die Abholmuster. In den ersten Wochen sammelten sie Daten über die Häufigkeit von verspätetem Abholen. Dann führten sie in gut der Hälfte der Kitas eine Strafgebühr für Eltern ein, die ihr Kind zu spät abholten.

Überraschenderweise zeigte sich, dass in den Kitas mit Strafgebühr das verspätete Abholen zunahm! Ein Kind zu spät abzuholen, gilt normalerweise den Erziehern gegenüber als rücksichtslos, und die Eltern „zahlen" dafür in Form von Schuld- und Schamgefühlen, weil sie gegen eine soziale Norm verstoßen. Durch die Einführung der Strafgebühr zahlten die Eltern aber einen monetären Preis und konnten sich somit von ihren negativen Emotionen lossagen. Zudem war die Gebühr niedrig genug, dass sie den Zugewinn an Flexibilität wert war.

Als die Strafgebühr wieder abgeschafft wurde, sank die Häufigkeit der Verspätungen aber nicht auf das ursprüngliche Niveau. Möglicherweise fühlten sich die Eltern nicht mehr verpflichtet, die Regeln dieser sozialen Interaktion genau einzuhalten. Oder sie folgerten aus der niedrigen Strafgebühr, dass der Kita nur geringe Kosten entstanden. Ob das tatsächlich der Fall war, ist weniger relevant als die elterliche *Interpretation* dieser Kosten.

Bietet man Menschen für ein bestimmtes Verhalten Geld an, kann das – insbesondere bei Themen, die als gesellschaftlich wichtig gelten – dazu führen, dass sie eher davon Abstand nehmen. Ökonomen nennen das „Crowding Out": Ein finanzieller Vorteil reduziert das Gefühl der sozialen Verpflichtung oder sogar die Freude an oder die Neugier auf etwas.

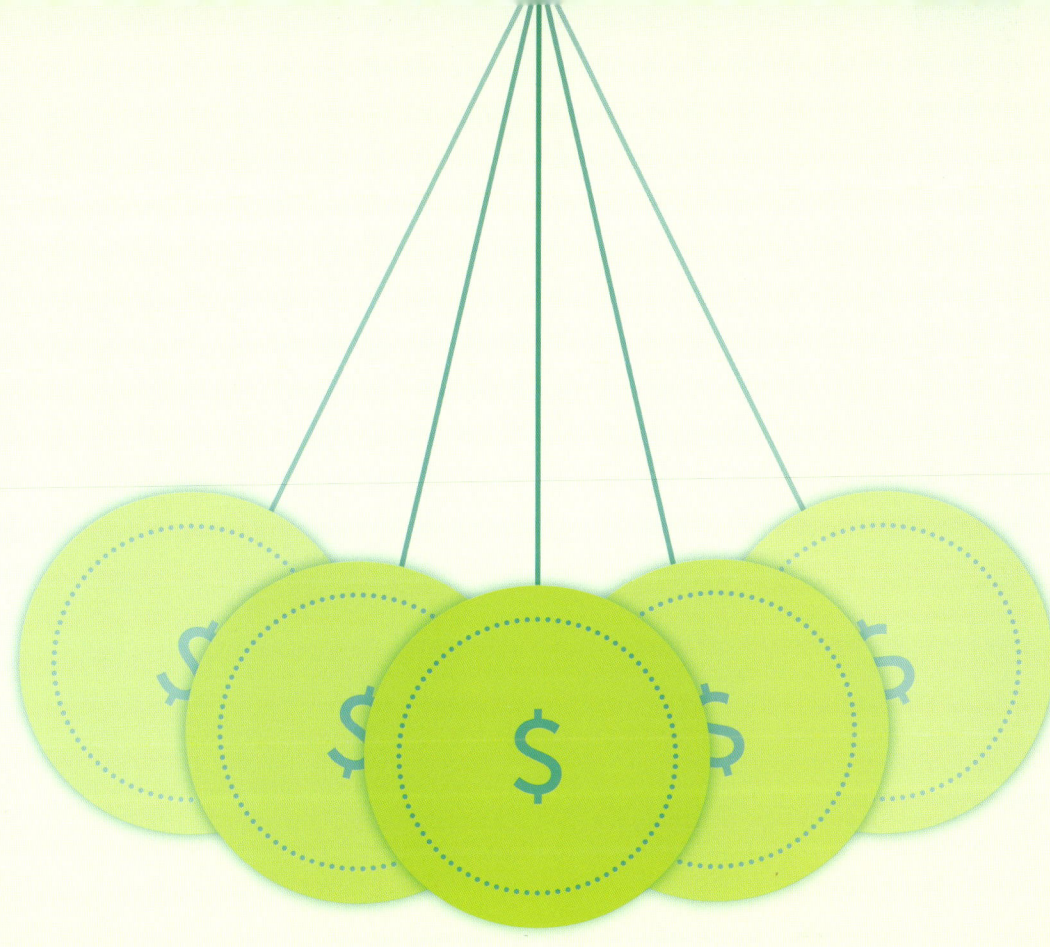

In der Schweiz wollten Wissenschaftler 1997 herausfinden, inwieweit die Bürger dem Bau eines Kernkraftwerks in ihrer Region zustimmen würden. Trotz der offensichtlichen Nachteile erklärte sich über die Hälfte der Befragten einverstanden. Als man den Einwohnern aber sagte, sie bekämen im Falle des Baus eine finanzielle Entschädigung, sank die Zustimmungsrate auf 25 %. Manche interpretierten die Entschädigung als Zeichen für Gefahr: Wenn mir jemand Geld dafür bezahlt, damit ich etwas tue, ist es möglicherweise riskant oder unangenehm. Für andere verdrängte das Geldversprechen das bürgerliche Pflichtgefühl, d. h. das Gefühl, das Richtige zu tun, auch wenn es nicht unbedingt begrüßt wurde.

DER PREIS DES BEPREISENS

Wird eine Situation monetarisiert, reagieren Menschen nicht rein profitmaximierend, sondern ziehen andere Dinge in Betracht.

Forschungen haben gezeigt, dass es uns neben dem Crowding-Out-Effekt und Signalwirkung auch um Fairness, Reziprozität und Altruismus geht. Gneezy und Rustichini fanden heraus, dass jemand, der für eine Aufgabe sehr schlecht bezahlt wird, diese unter Umständen schlechter erledigt, als wenn man ihm überhaupt nichts bezahlt hätte. Durch die Bezahlung wird die Interaktion zu einer Markttransaktion, aber der geringe Gegenwert wird als ungerecht empfunden. Wenn hingegen jemand überraschend einen finanziellen Bonus erhält, neigt er, zumindest anfänglich, dazu, sich mehr anzustrengen.

Zwar lassen wir uns von Geld stark beeinflussen, aber die Monetarisierung einer Situation hat nicht immer das erwartete Ergebnis. Wer allem einen Preis zuweist, verpasst vielleicht ein angenehmeres, effizienteres oder gerechteres Leben.

Das Beispiel mit dem Kernkraftwerk zeigt, dass eine extrinsische, monetäre Belohnung angenehme Gefühle (der Stolz, ein guter Bürger zu sein) beeinträchtigen kann. Es gibt also eine hedonistische Begründung, das Preisschild wegzulassen: Ohne Preis kann die Aktivität intrinsisch belohnt werden, mit einem wohligen Gefühl.

Das Kita-Beispiel zeigt, dass dadurch, dass nicht über Geld gesprochen wird, Abmachungen teilweise mehrdeutig bleiben können. Ein „unvollständiger Vertrag" wie dieser kann beiden Parteien zum Vorteil gereichen, wenn sie auf der Basis von gegenseitigem Vertrauen und Kooperation arbeiten. Durch das Erheben einer Strafgebühr kamen Informationen hinzu, die die Eltern zuungunsten der Kita auslegten.

Wenn alles einen Preis hat, stellt sich die Frage, was das für die Gerechtigkeit bedeutet. Harvard-Professor Michael Sandel geht auf dieses Thema ausführlich ein. Ob trivial (gegen Aufpreis am Flughafen nicht Schlange stehen) oder elementar (für Gesundheitsfürsorge bezahlen) – immer mehr Aspekte des Lebens werden mit einem Preis versehen. Wohlhabende können ihre Lebensqualität verbessern, Arme aber nicht, was die Ungleichheit verschärft.

Wenn wir darüber nachdenken, wie wir mit Kollegen, Kunden oder Zulieferern zusammenarbeiten, uns um die Familie kümmern und mit Freunden umgehen, sollten wir uns fragen, welche Anreize wir bieten und welche uns geboten werden. Was sollte bepreist werden, was nicht? Man rät oft, das Hobby zum Beruf zu machen, aber bedenken Sie, wie sich Ihr Verhältnis zu Ihrem liebsten Zeitvertreib verändern könnte, sobald Sie dafür bezahlt werden.

BUILD +
BECOME

TOOLKIT

01

Unser Verhältnis zu Geld – wie leicht oder
schwer wir es ausgeben, was es für uns
symbolisiert – wird von vielen verschiedenen
Faktoren geprägt. Der Kontext ist wichtig.
Vergangene Erfahrungen und das aktuelle
Umfeld beeinflussen unsere finanziellen
Entscheidungen. Es lohnt sich, über die Frage
nachzudenken: Was bedeutet Ihnen Geld?

02

Unser Wunsch, für diverse Dinge
Geld auszugeben, hängt mit unserer
evolutionären Vergangenheit zusammen
und dem grundlegenden Verlangen, andere
Leute zu beeindrucken, die eigene Familie
zu schützen und für uns selbst gut zu
sorgen. Dies kann sich auf teils merkwürdige
Weise manifestieren: Warum so viel Geld für
einen Ferrari ausgeben, wenn ein Dacia Sie
genauso gut von A nach B bringt? Die sieben
grundlegenden Motivsysteme für Verhalten
können helfen, Licht ins Dunkel Ihrer
Konsummuster und Geldentscheidungen zu
bringen.

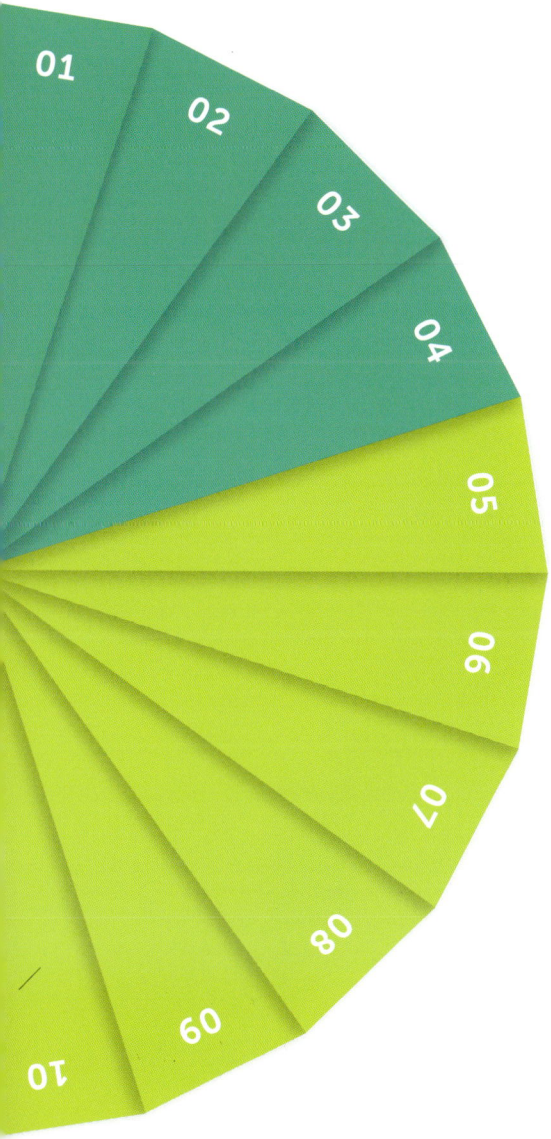

03

Wir sind in der Regel nicht gut darin zu erahnen, wie emotional stabil wir auf veränderte Situationen, egal ob positiv oder negativ, reagieren. Deswegen kann es passieren, dass wir bestimmte Dinge „fehl-wünschen" und Geld auf eine Weise benutzen, die unser finanzielles oder allgemeines Wohlbefinden nicht fördert.

04

Geld ist ein Instrument, um Verhalten zu beeinflussen, aber sicher nicht das einzige! Wenn Geld als neuer Faktor in einer Situation auftaucht, kann das Einfluss darauf haben, wie wir reagieren. So können wir z. B. das Gefühl der sozialen Verantwortung verlieren oder das warme, wohlige Gefühl, etwas Tugendhaftes zu tun. Wir sollten uns fragen, wann das Festlegen eines Preises unserer Gesellschaft zugutekommt und wann nicht.

ZUR VERTIEFUNG

LESEN

The Interdisciplinary Science of Consumption
Preston, S. D., Kringelbach, M. L., Knutson, B. (Hg.) (MIT Press, 2014)
Artikelsammlung zu vielen der in Teil 1 angesprochenen Themen.

Rational Animal
Doug Kenrick und Vladas Griskevicius (Cambridge University Press, 2010)

When and why incentives (don't) work to modify behaviour
Gneezy, U., Meier, S., Rey-Biel, P. in: *The Journal of Economic Perspectives*, 25(4), S. 191–209 (2011)

Miswanting: Some problems in the forecasting of future affective states
Gilbert, D., Wilson, T. in: *Thinking and feeling: The role of affect in social cognition*, hg. von Joseph P. Forgas, S. 178–197 (Cambridge University Press, 2000)

ANHÖREN

Everything you always wanted to know about money (but were afraid to ask)
Freakonomics podcast
freakonomics.com/podcast/everything-always-wanted-know-money-afraid-ask/

ANSCHAUEN

Why we shouldn't trust markets with our civic life (Warum wir unser Leben nicht dem Markt anvertrauen sollten)
Michael Sandel
TED Talk

ERFORSCHEN

Tightwads and Spendthrifts
Rick, S. I., Cryder, C. E., Loewenstein, G. in: *Journal of Consumer Research*, 34(6), S. 767–782 (2008)
Finden Sie heraus, ob Sie ein Geizhals sind oder das Geld mit vollen Händen ausgeben! Text als kostenloses PDF unter http://www-personal.umich.edu/~prestos/Consumption/pdfs/RickCryderLoewenstein2007.pdf

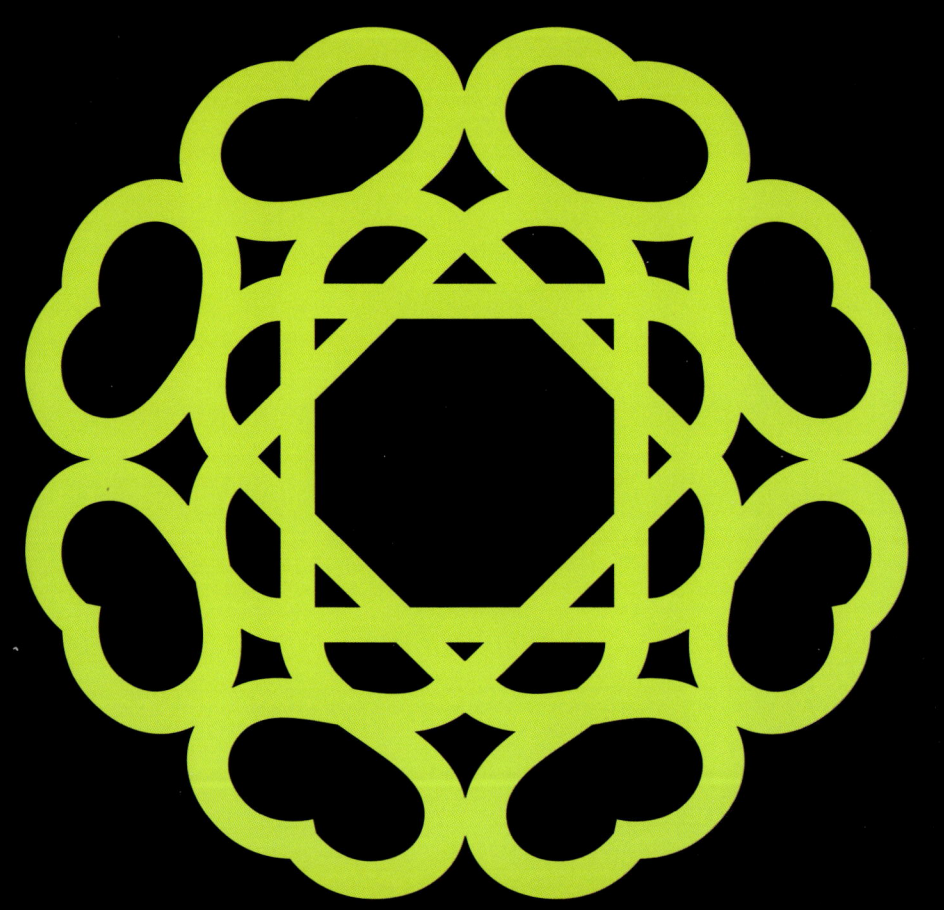

GELD IM ALLTAG

LEKTIONEN

05 VOGEL-STRAUSS-TAKTIK
Ich will's gar nicht wissen!

06 BAR ODER MIT KARTE?
Geld im Wandel und wie uns das beeinflusst.

07 ERSCHWERNISSE
Wie leicht macht es Ihnen Ihre App?

08 EIN SCHNÄPPCHEN!
Wirklich?

Ein entscheidender Schritt hin zu mehr finanziellem Wohlbefinden: Ziehen Sie den Kopf aus dem Sand!

Ein elementarer Bestandteil von finanziellem Wohlbefinden ist die Fähigkeit, dafür zu sorgen, dass man von einem Zahltag zum nächsten über die Runden kommt. Miete oder Hypothek, Lebensmittel, Kleidung, Unterhaltung – es ist wichtig, genug Geld für die alltäglichen Bedürfnisse zu haben.

Zunächst brauchen wir ein klares Bild von unserer aktuellen finanziellen Situation. In diesem Abschnitt erfahren wir, warum es so unangenehm sein kann, Kontoauszüge zu wälzen, um die finanzielle Lage vollständig zu erfassen. Doch ohne diese Informationen ist es schwierig bis unmöglich, das weitere Vorgehen zu bestimmen. Daher ist es ein entscheidender Schritt auf dem Weg zu mehr finanziellem Wohlbefinden, den Kopf aus dem Sand zu ziehen!

Wie beeinflussen die Umgebung, die Art des Bezahlens und die Verkaufsstrategien der Händler, wie wir Geld ausgeben?

Die Finanzinstrumente haben sich verändert, Bargeld und Schecks sind überflüssig geworden, schicke neue Technologien machen das Bezahlen mühelos. Aber welche Folgen hat dieser Komfort? Das Hantieren mit Münzen und Scheinen ließ uns die Auswirkungen eines Kaufs noch körperlich spüren, während die neuen technischen Möglichkeiten uns diesen Schmerz ersparen.

Noch bevor wir an der Kasse angekommen sind, wollen die Läden uns in Versuchung führen, mehr zu kaufen. Händler nehmen mit ihrer Preispolitik darauf Einfluss, wie viel wir bereit sind auszugeben, und ziehen uns die hart erarbeiteten Scheine aus dem (digitalen) Geldbeutel (heutzutage kann man ja sogar mit Handy oder Smart Watch bezahlen).

Diese Herausforderungen sind nur einige der beteiligten Faktoren, während wir uns bemühen, mit unserem Geld auszukommen.

VOGEL-STRAUSS-TAKTIK

Es ist zwar eine weit verbreitete Redewendung, aber der Strauß steckt seinen Kopf gar nicht in den Sand; er legt vielmehr, wenn er brütet, bei Gefahr den ganzen Körper einschließlich Hals und Kopf möglichst flach auf den Boden und über das Nest, um die Eier vor Feinden zu beschützen. Daraus entstand die irrige Annahme, Strauße seien so dumm zu glauben, dass, wenn sie den Jäger nicht sehen können, der Jäger sie auch nicht sähe. Dass dieser Spruch sich so lange hält, liegt wohl daran, dass wir das Gefühl so gut nachvollziehen können.

Waren Sie schon einmal überrascht, als Ihre Bankkarte nicht angenommen wurde? Haben Sie schon einmal Briefe von Ihrer Bank bewusst nicht geöffnet? Vielleicht waren Sie ja noch nie mit Raten im Rückstand oder haben noch nie Ihr Konto überzogen, kämen aber in Verlegenheit, wenn Sie Ihren aktuellen Kontostand, den Saldo Ihrer Kreditkarte oder die genaue Höhe Ihres Vermögens angeben müssten? Damit wären Sie nicht alleine! Eine internationale Erhebung der ING fand heraus, dass eine Person von zehn mit persönlichen Schulden nicht weiß, wie hoch sie verschuldet ist – die Hypothekenschuld nicht mitgerechnet.

Dieses psychologische Phänomen ist unsere Methode, uns vor potenziell leidvollen Informationen zu „schützen". Auch jene, die so viel Geld haben, dass sie es aufs Spiel setzen können, sind nicht davor gefeit: Anleger checken ihr Beteiligungsportfolio häufiger, wenn der Wert steigt, als wenn er fällt. Niemand mag schlechte Neuigkeiten.

Das Problem ist, dass diese selektive Aufmerksamkeit ein trügerischer Schutz ist: Nur weil wir die Kreditkartenrechnung nicht öffnen, verschwindet der Saldo ja nicht von selbst. Unsere Gläubiger wissen ganz genau, wie viel wir ihnen schulden, auch wenn wir versuchen, es zu verdrängen. Ein Kopf im Sand bedeutet das Fehlen von Informationen, und ohne Information können Sie Ihre Grundsituation nicht einschätzen und wissen nicht, ob Sie in die richtige Richtung laufen oder vom Weg abkommen und noch tiefer im finanziellen Sumpf versinken.

Einfach gesagt: Wer nicht weiß, wo er steht, kann nur schwer herausfinden, welchen Kurs er einschlagen muss. Besser über die eigene finanzielle Situation Bescheid zu wissen, kann das Gefühl stärken, die Lage im Griff zu haben – ein wichtiger Aspekt für das finanzielle Wohlbefinden.

DINGEN INS AUGE SEHEN

Auch wenn es jetzt wehtut – Ihr künftiges Ich wird Ihnen dankbar sein, dass Sie darauf achten, wie Sie Ihr Geld heute ausgeben, sparen, leihen und investieren. Es ist ganz natürlich, bedrückende Informationen meiden zu wollen, aber mit ein paar Tricks lässt sich dieser Impuls überwinden.

Eine Möglichkeit besteht darin, die erforderlichen Informationen praktisch unvermeidlich zu machen. Statt selbst aktiv Informationen einholen zu müssen, nutzen Sie das Service-Angebot Ihrer Bank. Viele Apps beinhalten automatische Benachrichtigungen über Finanzstatus oder Transaktionen.

Eine andere Möglichkeit: Etablieren Sie eine neue Gewohnheit. Wenn etwas zur Gewohnheit wird, muss man sich nicht mehr dafür entscheiden, sondern es passiert automatisch. Wenn Sie wissen, dass Sie zur Vogel-Strauß-Taktik neigen, versuchen Sie, sich den Überblick über die Finanzen zur Gewohnheit zu machen. Sie brauchen einen Trigger, um den „Autopiloten" zu starten, und hinterher eine Belohnung.

Der Auslösereiz, der Sie daran erinnert, den Kontostand zu checken, kann ein Alarm oder die Erinnerungsfunktion Ihres Smartphones sein oder auch, ganz ohne High-Tech, ein Post-it an Ihrem Kalender.

Das Wichtige ist, einen regelmäßigen Zeitpunkt festzulegen, um routinemäßig den Stand der Dinge zu kontrollieren.

Was Ihre neue Routine beinhaltet, hängt von Ihrer finanziellen und persönlichen Situation ab: Die einen prüfen, ob das Konto überzogen ist, andere die Kapitalverteilung in ihrem Rentendepot.

Und dann überlegen Sie sich noch, womit Sie sich für die Erledigung dieser unangenehmen Aufgabe belohnen. Laut Katherine Milkman und Kollegen wirkt die Aussicht auf eine konkrete Belohnung motivierend. Achten Sie aber darauf, dass der Genuss, den Sie sich gönnen wollen, nicht den Gewinn auffrisst, den Sie durch die Kontrolle Ihrer Finanzen machen. Sie könnten z. B. die nächste Folge Ihrer Lieblingsserie erst dann anschauen, wenn Sie Ihre Routine erledigt haben.

Es ist wichtig, sowohl die finanzielle Gesamtsituation als auch den Saldo des Hauptkontos bzw. die Höhe des Puffers im Auge zu behalten. Peter Ruberton und Kollegen fanden heraus, dass der aktuelle Kontostand besonders großen Einfluss darauf hat, wie wohl oder unwohl man sich mit seinen Finanzen fühlt. Ihre Forschungsergebnisse zeigten ein größeres gefühltes Wohlbefinden (mehr Zuversicht,

NICHT VERGESSEN:

- ◯ **Kontostände checken**
- ◯ **Brunch mit Sam**
- ◯ **Yoga**
- ◯ **Reinigung**

+

weniger Schlaflosigkeit durch Geldsorgen) bei Menschen, deren verfügbares Guthaben höher war. Der aktuelle Kontostand ist leicht zugänglich, leicht verständlich und lässt sich problemlos mit dem Stand von gestern oder letzter Woche vergleichen. Aber für viele Menschen ist das Bankguthaben nur eines von vielen finanziellen Produkten neben Studienkredit, Sparbuch, Rentenkasse, Hypothek, Leasingvertrag, Investitionen oder Geld unter der Matratze. Liquide Mittel sind wichtig fürs finanzielle und allgemeine Wohlbefinden, aber vergessen Sie die anderen Komponenten nicht!

Wir sollten also unseren Finanzen mehr Aufmerksamkeit widmen. Für Investoren kann jedoch das Gegenteil erstrebenswert sein, da das allzu häufige Prüfen der Performance einen (wie ein hyperwachsames Erdmännchen) dazu verleiten kann, bei einer Baisse zu verkaufen, um Verluste einzudämmen. Wer vorhat, langfristig zu investieren, sollte eher die großen Trends im Auge behalten und sich von kurzzeitigen Schwankungen nicht verunsichern lassen.

Bei den Finanzen das große Ganze im Blick zu haben, ist ein wichtiger Schritt, um die Kontrolle zurückzugewinnen.

BAR ODER MIT KARTE?

Denken Sie an Ihren letzten Einkauf: Wie haben Sie ihn bezahlt? In bar, mit Debit- oder Kreditkarte, per Überweisung oder PayPal? Schauen Sie jetzt in Ihren Geldbeutel: Wie viel Bargeld ist darin?

Die Antwort auf diese Fragen hängt von mehreren Faktoren ab, z. B. Ihren persönlichen Gewohnheiten, der Ihnen zugänglichen Bezahl-Infrastruktur und den sozialen Normen Ihres Lebensumfelds. In Schweden beträgt der Anteil von Bargeld an allen Geldtransaktionen nur noch 2 %, in China gibt man sogar Bettlern Geld per App. Eine internationale Studie unter fast 13.000 Europäern ergab, dass sie vor allem Kleinigkeiten wie Kaffee oder Snacks bar bezahlen, bei größeren Ausgaben aber eher bargeldlose Verfahren nutzen.

Da immer mehr finanzielle Transaktionen weltweit bargeldlos erfolgen, lohnt es sich, über die Vor- und Nachteile von Bargeld vs. bargeldlosen Zahlungsmethoden nachzudenken. Für Bargeld spricht, dass es fast überall akzeptiert wird. Der Nachteil ist, dass man es von irgendwoher bekommen (Bank, Geldautomat) und dann mit sich herumtragen muss, und wenn es gestohlen wird, besteht wenig Aussicht, es zurückzubekommen. Bargeldloses Bezahlen ist hingegen bequem und unter Umständen sicherer, aber mit weniger Privatsphäre.

Ein weiterer Unterschied ist besonders vertrackt: Wenn wir bargeldlos bezahlen, fehlt die optische und taktile Rückkopplung, die der Umgang mit Bargeld sonst beinhaltet. Das verändert den „Schmerz des Bezahlens" und damit auch unser Geldausgebeverhalten.

Laut Professor Brian Knutson und Kollegen schmerzt es tatsächlich, teure Waren zu sehen: Bei hohen Preisen wird das gleiche Hirnareal aktiviert wie bei Ekel oder körperlichen Schmerzen. Der „Schmerz des Bezahlens" ist unterschiedlich, je nachdem, ob die Transaktion in bar oder bargeldlos erfolgt. Der Verhaltensökonom Dan Ariely erklärt das mit der Salienz des Bezahlens. Sowohl Zeitpunkt als auch Medium beeinflussen, wie es sich anfühlt, sich von seinem Geld zu trennen. Viele empfinden Bargeld eher als „richtiges" Geld, deswegen schmerzt das Ausgeben mehr.

Ein weiterer Faktor, der unseren Bezug zu Bargeld beeinflusst, ist der Zustand des Geldscheins: Ist er frisch gedruckt, sauber und glatt, möchten wir ihn lieber behalten als einen, der zerknautscht, fleckig und zerfleddert ist. Und auch der Nennwert der Banknote spielt eine Rolle, große Scheine möchten wir ungern „anbrechen". Auch diese Hürde fällt beim bargeldlosen Bezahlen weg.

SCHMERZ DES BEZAHLENS

Die Entscheidung, wie wir unser Geld einsetzen, hängt nicht nur davon ab, ob wir generell an Bargeld festhalten oder nicht. Auch Faktoren wie die kontinuierliche Weiterentwicklung digitaler Bezahlinfrastrukturen und die Herausbildung sozialer Normen spielen hier eine Rolle. Es ist sehr wahrscheinlich, dass die Menschen auch weiterhin viele verschiedene Bezahlmechanismen benutzen werden.

Als informierter Konsument sollte man dennoch die Unterschiede zwischen bargeldgebundenen und bargeldlosen Transaktionen beachten und die Bezahlmethode aussuchen, die am besten zur eigenen persönlichen Situation passt.

Eine Kreditkarte entkoppelt das Bezahlen vom Erwerb. Wir kaufen heute etwas im Laden und bezahlen es erst bis zu einem Monat später, wenn die Kreditkartenabrechnung kommt (sofern wir den Saldo voll ausgleichen). Diese Verzögerung eliminiert die unmittelbare Rückkopplung, die wir hätten, wenn wir bar zahlen würden, und reduziert die Salienz. Mit anderen Worten: Mit der Kreditkarte zu bezahlen, tut weniger weh, weil es kein Bargeld ist und weil das Geld erst vom Konto verschwindet, wenn die Erinnerung an den Kauf schon verblasst ist.

Einige neue Produkte versuchen, die optische und taktile Rückkopplung wieder einzuführen, die wir bei bargeldlosen Methoden vermissen. Die Royal Society of Arts, Kultureinrichtung und Think-Tank in London, zeichnet jedes Jahr Projekte aus, die sich verschiedener gesellschaftlicher Herausforderungen annehmen. Einer der Preisträger in der Kategorie „Mind Your Money" 2017 führte eine visuelle Komponente in das bargeldlose Bezahlsystem ein. Der Student Liam Tuckwood entwickelte ein Tool, das in Debit- und Kreditkarten integriert werden kann. Die Idee ist ebenso einfach wie genial: In einer Ecke der Karte befindet sich die Strichzeichnung eines Gesichts, etwa so groß wie ein Daumenabdruck. Ist das Konto im soliden Plus, lächelt das Gesicht, wenn nicht, schaut es missbilligend. Tatsächlich wird das menschliche Gesicht trotz der Stilisierung von jedem sofort erkannt. Wir sind generell sehr empfänglich für so etwas und „sehen" regelmäßig menschliche Gesichter in Dingen, die definitiv nicht menschlich sind.

Banken und andere Anbieter von Finanzdienstleistungen entwickeln ständig neue Produkte, verbessern ihre Apps und können so den „Schmerz des Bezahlens" zu unserem Nutzen einsetzen. So helfen z. B. Transaktionsbenachrichtigungen mit haptischem Feedback, das Geldausgabeverhalten bewusst zu machen, ohne dass man auf den Komfort bargeldlosen Bezahlens verzichten muss.

Um den „Schmerz des Bezahlens" zu reduzieren, können Menschen, die Geldausgeben wirklich unangenehm finden (die „Geizhälse" aus Lektion 1), z. B. mithilfe einer Prepaid-Kreditkarte einen Kauf im Voraus bezahlen, sodass die Bezahlung vom Konsum entkoppelt ist. Um den Bezahlschmerz für notorische Verschwender zu erhöhen, gilt das Gegenteil: Sie sollten die erworbene Ware sofort bar bezahlen — was allerdings die erwähnten Nachteile mit sich bringt.

ERSCHWER
HELFEN, IM
ZU MINI

NISSE PULSKÄUFE MIEREN.

ERSCHWERNISSE

Gestern bestellte ich telefonisch ein Taxi, weil die Bahn, die ich sonst nahm, ausfiel. Es war ein langer Tag, und es war schon spät, also bestellte ich, während ich im Taxi saß, bei einem Lieferdienst etwas zu essen. Der Fahrer ließ mich am Kiosk raus, weil ich noch Milch fürs Frühstück brauchte, die ich bezahlte, indem ich mein Smartphone über das Kartenlesegerät hielt. Zu Hause angekommen, überwies ich meiner Schwester das Geld für das Geschenk für unsere Mutter, fläzte mich aufs Sofa und lud die nächste Folge meiner liebsten Wohlfühl-Sitcom herunter.

Für all das musste ich nicht einmal den Geldbeutel öffnen. Mit Apps können wir alltägliche Vorgänge elegant und einfach bezahlen. Diesen Komfort schätzen viele – Verbraucher, App-Entwickler, Banken –, und es ist ja auch besser, wenn etwas leicht ist statt schwierig, oder? Im Zuge der Weiterentwicklung der Bezahlmethoden und Businessmodelle wird alles immer reibungsloser, und das in einem Maße, dass wir mittlerweile erwarten, dass unsere alltäglichen Käufe schnell und einfach vonstattengehen.

Aber kann es sein, dass es nun *zu* einfach geworden ist und das zum ungewollten Geldausgeben verführt? Zum Beispiel bei Abonnements: Wenn es leicht ist, ein Abo abzuschließen, aber schwierig, es wieder zu kündigen, kann das dazu führen, dass

jemand jeden Monat Geld für etwas bezahlt, das er oder sie gar nicht nutzt (ich sage nur Fitnessstudio!).

Durch den Einbau von Erschwernissen kann man Menschen also von einer Tätigkeit abhalten. Aber auch eine Verlangsamung kann sich positiv auswirken: Man begeht weniger Fehler und ist weniger gefährdet, etwas aus Unachtsamkeit zu tun. Vor allem kann Langsamkeit helfen, Impulskäufe einzudämmen. Das ist vor allem auch für Menschen mit psychischen Problemen von Nutzen, die in manischen Phasen das Geld zum Fenster hinauswerfen. Ob mangelnde Impulskontrolle, Shoppingsucht oder andere Anfälligkeiten – optionale Beschränkungen oder Warnfunktionen, die man während der „kalten Phase" einrichten kann und die in der „heißen Phase" (in bestimmten Geschäften, in manischen Zeitabschnitten) wirken, können verhindern helfen, für etwas viel Geld auszugeben, das man später bereut.

Scheckhefte benutzt heute kaum noch jemand, aber sie stellen auch eine gute Erschwernis dar. Sie können dazu beitragen, den Überblick über die Finanzen zu behalten, weil die Geldsumme nicht nur in Ziffern, sondern auch in Buchstaben aufgeschrieben wird, und dadurch erinnert man sich deutlicher an das ausgegebene Geld, als wenn man die Kreditkarte benutzt. Je genauer wir uns an vergangene Käufe erinnern, desto besser können wir die künftigen planen.

Miete $

Stromrg. $

Abendessen Juan $

Geschenk Max $

HILFREICHE FRAGEN

Während die meisten Leute reibungslose Transaktionen bevorzugen, spricht vieles dafür, sie etwas weniger glatt zu gestalten. Natürlich haben wir alle es gern bequem, aber wenn man Ihnen etwas allzu leicht macht, sollten Sie überlegen, ob es wirklich das Beste für Sie ist.

Eine bewusst simple Idee, die bei den RSA Student Design Awards eingereicht wurde, hat es mir angetan: ein Stück Plastik, das über die Debitkarte geschoben wird. Es ist genauso groß wie die Karte und enthält vier Schieber mit je einer Frage wie *Kostet es unter 100 Euro? Habe ich letzte Nacht gut geschlafen?* Die Fragen sind zunächst vorgegeben, können aber personalisiert und auf die individuelle Situation abgestimmt werden. Man muss die Schieber in die JA-oder in die NEIN-Position schieben, und nur bei viermal JA gibt der Plastikschuber die Karte frei.

Klingt vielleicht extrem, aber selbst wenn man die Sperrfunktion des Schubers weglässt, hilft es bereits, mit diesen Fragen konfrontiert zu werden, wenn man etwas bezahlen möchte, um den zuvor einfachen, automatisierten Prozess zu verlangsamen und eine wohlüberlegte Handlung daraus zu machen. Es könnte also hilfreich sein, eine gedankenlose Aktivität in eine bewusste zu verwandeln. Bei Zahlungen mit mobilen oder digitalen Geräten könnte man eine digitale Version des Schubers entwickeln, damit das Beantworten der Fragen den Geldausgeber motiviert, über den anstehenden Kauf nachzudenken.

Wenn wir vor jedem Bezahlvorgang Fragen beantworten müssen, kann das helfen, vom gedankenlosen Geldausgeben zur wohlüberlegten Kaufentscheidung zu gelangen.

Apps können ebenfalls Erschwernisse einbauen, z. B. indem der Nutzer mit verschiedenen Teilen des Bildschirms interagieren muss, bestimmte Elemente weniger offensichtlich sind oder gewischt statt getippt werden muss. Schauen Sie sich an, wie Apps und Webseiten aufgebaut sind: Machen die Verkäufer das Geldausgeben zu einfach?

Wenn Sie es sich nicht ganz so schwer machen möchten, ist es umso wichtiger, den Überblick über Ihre Ausgaben zu behalten. Finden Sie heraus, was Ihre Bank in Sachen Kontostand und Transaktionsbenachrichtigung anbieten kann, und blättern Sie noch einmal zurück zu Lektion 5, welche Strategien helfen, die Vogel-Strauß-Taktik zu überwinden.

EIN SCHNÄPPCHEN! (WIRKLICH?)

Bei den meisten Dingen, die wir kaufen, können wir nur schwer einschätzen, wie viel ihre Herstellung gekostet haben mag, sei es ein Bier, eine Bowlingkugel oder eine Badezimmergarnitur. Woraus bestehen diese Dinge und was kosten die Ausgangsstoffe? Was ist mit Arbeitskräften, Transport, Vertrieb und Marketing?

Da wir in der Regel nicht in der Lage sind, die Herstellungskosten eines Produkts zu berechnen, um herauszufinden, welcher Verkaufspreis dafür gerechtfertigt wäre, sollte der Preis vielleicht den Wert widerspiegeln, den es für uns hat. Aber auch das ist schwierig: Wie ermisst man den absoluten Wert von etwas? Eine andere Möglichkeit ist die Einschätzung des relativen Werts im Vergleich zu anderen Produkten oder Referenzpunkten. Wenn wir unsicher sind im Hinblick auf den „wahren" Wert einer Sache, sind wir bezüglich des Preises, den wir zu zahlen bereit sind, leicht beeinflussbar, und Verkäufer nutzen das durch ihre Preis-gestaltung aus. Hier hilft es, über **Anker-** und **Decoy-Effekt** Bescheid zu wissen.

Viele Firmen benutzen den Preis, um Qualität zu signalisieren. Die Biermarke Stella Artois witzelte einst in einer Werbekampagne, ihr Bier sei „beruhigend teuer". Erstaunlicherweise erwarten wir von einem hochpreisigen Produkt nicht nur eine bessere Qualität, sondern erleben es auch als hochwertiger. Eine Studie von Baba Shiv, Ziv Carmon und Dan Ariely zeigte, dass der Preis eine wichtige Rolle spielt: Personen, die für einen angeblich konzentrationssteigernden Energy-Drink die Hälfte des Preises bezahlten, lösten im Anschluss weniger Buchstabenrätsel als die Teilnehmer, die für genau das gleiche Getränk den vollen Preis bezahlt hatten.

ANKER-EFFEKT

Die erste Zahl, die wir im Rahmen einer Kaufentscheidung betrachten, kann als „Anker" fungieren und beeinflussen, wie viel wir zu zahlen bereit sind, selbst wenn diese Zahl willkürlich ist. In einer Studie zeigte man den Teilnehmern verschiedene Produkte von Wein bis Computerzubehör. Im ersten Teil der Aufgabenstellung sollten sie die letzten beiden Ziffern ihrer Sozialversicherungsnummer aufschreiben und ein Dollarzeichen davorsetzen. Dann fragte man sie bei jedem Gegenstand, ob sie mehr oder weniger als diesen völlig willkürlichen Betrag dafür ausgeben würden, und im zweiten Schritt, wie viel sie dafür bezahlen würden. Obwohl die Zahl ihre Einschätzung gar nicht hätte beeinflussen dürfen, tat sie es: Personen mit den höchsten Sozialversicherungsnummern waren im Durchschnitt bereit, mehr für die Dinge zu bezahlen als die mit niedrigeren Zahlen.

DECOY-EFFEKT

Wenn zwei Produkte sich schlecht vergleichen lassen, etwa weil sie viele verschiedene Eigenschaften besitzen (z. B. Digitalkameras) oder sich sehr stark unterscheiden (Zeitschriftenabo gedruckt vs. digital), kann ein drittes Produkt, das ähnlich, aber etwas schlechter als eine der Optionen ist, unsere Entscheidung beeinflussen. Das schlechtere Produkt dient als Köder (engl. *decoy*), indem es die relativen Stärken der Option, der es unterlegen ist, betont. Ariely erläutert, dass man schwer beurteilen kann, ob das Online-Abo für 59 Dollar besser oder schlechter ist als das Print-Abo plus Online-Zugang für 125 Dollar. Wenn aber eine dritte Option hinzukommt, wo das reine Print-Abo 125 Dollar kostet (also schlechter ist als Print+Online), entscheiden sich viele für das Kombi-Angebot. Manchmal dienen auch Modelle vom letzten Jahr, die genauso viel oder mehr kosten, als Köder, um das neue Modell attraktiver wirken zu lassen.

DER WAHRE WERT

Wir werden im Alltag mit zahllosen Kaufentscheidungen konfrontiert, und der Umgang mit ihnen kann kompliziert sein, nicht nur aufgrund der schieren Menge, sondern auch, weil man wirklich nur schwer einschätzen kann, wie viel etwas wirklich wert ist. Je genauer wir wissen, wie Händler dies zu ihrem Vorteil nutzen, desto besser sind wir in der Lage, uns von ihren Tricks bei der Preisgestaltung nicht blenden zu lassen.

Beim Vergleich von Produkten kann es helfen, die Opportunitätskosten des Preisunterschieds zu bedenken: Was könnten Sie mit dem Geld kaufen, das Sie sparen, wenn Sie die günstigere Version kaufen, bzw. was müssten Sie aufgeben, um sich die teurere leisten zu können? Wenn ich die günstigere Jacke nehme, kann ich noch Handschuhe kaufen, essen gehen oder etwas aufs Sparkonto einzahlen. Solche Abwägungen helfen, den Wert eines Gegenstands ins Verhältnis zu setzen.

Prüfen Sie, ob Sie durch einen hohen Anker beeinflusst wurden, z. B. wenn der „ursprüngliche Preis" durchgestrichen wurde. Bei Preisverhandlungen können Sie den Anker-Effekt zu Ihrem eigenen Vorteil einsetzen: Auf dem Basar nennen Sie einen sehr niedrigen Betrag, bei Gehaltsverhandlungen einen sehr hohen.

Diese Zahl als Ausgangspunkt kann beeinflussen, wie weit die gegnerische Partei Ihnen entgegenkommen wird.

Werden Ihnen andere Produkte gezeigt (im Laden oder online), die für Ihre Entscheidung irrelevant sind, weil sie minderwertig oder grotesk überteuert sind? Was Sie als Köder identifizieren, sollten Sie besser ignorieren. Ein Schaufensterbummel in der Luxus-Meile kann Spaß machen, aber Vorsicht: Diese Bezugsgrößen könnten Einfluss auf Ihr Kaufverhalten nehmen!

Natürlich haben Verkäufer weitere Tricks auf Lager. Bei Bündelangeboten ist es oft schwierig, die Preise der einzelnen Bestandteile zu ermitteln, und das erschwert den Vergleich mit alternativen Marken oder Produkten. Nehmen Sie sich in diesem Fall die Zeit auszurechnen, ob der Setpreis wirklich billiger ist als die Summe der Einzelpreise. Wollen Sie überhaupt alle Set-Bestandteile?

Firmen bepreisen ihre Waren und Dienstleistungen in der Regel entweder danach, was es kostet, sie bereitzustellen, oder nach dem geschätzten Wertgewinn für den Kunden. Da dieses Wertempfinden aber subjektiv und beeinflussbar ist, werden Techniken wie Anker-Effekt, Bündelangebot oder Decoy-Effekt eingesetzt, um die Zahlungsbereitschaft zu erhöhen.

TOOLKIT

05

Kopf im Sand? Es kann verlockend sein, potenziell schlechte Neuigkeiten nicht an sich heranzulassen. Aber wenn Sie sich weigern, sich Ihrer Finanzlage zu stellen, können Sie nicht herausfinden, wo Veränderungen möglich wären und ob diese die gewünschte Wirkung hätten. Machen Sie es sich leichter, auf Ihre Finanzen zu achten, indem Sie sich für die Erledigung dieser Aufgabe belohnen.

06

Bargeld, Debitkarte, Überweisung, Gutscheine – eins wie das andere? Überhaupt nicht! Wenn wir bargeldlos bezahlen, verlieren wir das wichtige Feedback, das wir bekommen, wenn wir mit Scheinen und Münzen hantieren. Es kann „schmerzlicher" sein, sich von Bargeld zu trennen. Da die technologische Entwicklung Richtung Bargeldlosigkeit verläuft, kann es leichter passieren, dass man mehr ausgibt, als das Budget hergibt. Finden Sie die Zahlungsmethode mit dem für Sie passenden Verhältnis von Bequemlichkeit und Feedback!

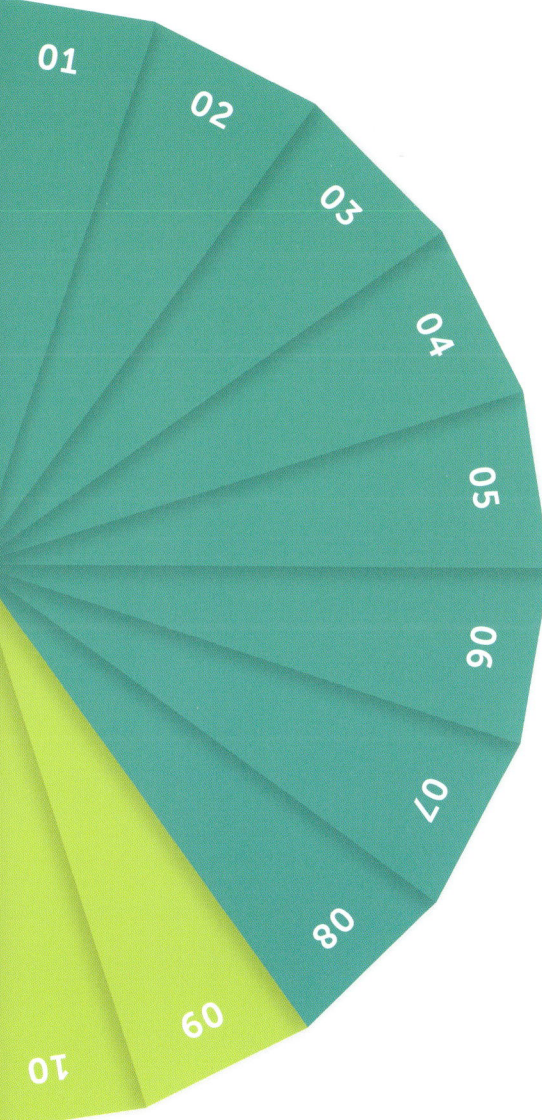

07

Da Bezahlmethoden und Business-modelle immer bequemer, schneller und einfacher in der Bedienung werden sollen, bleiben Erschwernisse außen vor. Diese Reibungslosigkeit finden viele uneingeschränkt gut. Aber kann es sein, dass alles zu leicht geworden ist und wir dadurch Gefahr laufen, ungewollt Geld auszugeben? Wäre bei den Apps, die Sie benutzen, etwas weniger Reibungslosigkeit sinnvoll? Je leichter das Geldausgeben sich gestaltet, desto wichtiger ist es, die Kontoein- und -ausgänge im Blick zu haben.

08

Unser Leben stellt uns vor unzählige Kaufentscheidungen, aber es ist sehr schwierig, den wahren Wert einer Sache herauszufinden. Wir haben beim Wert eines Produkts keine absolute Zahl im Kopf, sondern schätzen ihn im Verhältnis zu anderen Produkten ab. Verkäufer können verschiedene Techniken einsetzen, um uns dazu zu verleiten, mehr Geld auszugeben: Sie signalisieren z. B. hohe Qualität durch einen hohen Preis und nutzen Anker- und Decoy-Effekte.

ZUR VERTIEFUNG

LESEN

Denken hilft zwar, nützt aber nichts –
Warum wir immer wieder unvernünftige
Entscheidungen treffen
Dan Ariely (Droemer, 2008)

IIS Cashless Society Survey
ING (2017) eZonomics.com

ANHÖREN

We shouldn't stick our heads in the sand,
but we do it anyway
Hidden Brain Podcast zur Vogel-Strauß-Taktik.
npr.org

Why are we still using cash? (Ep. 261)
Freakonomics-Podcast zur Frage, warum
Bargeld immer noch eine so große Rolle
spielt.
freakonomics.com/podcast/still-using-cash/

ANSCHAUEN

The Decoy Effect
Der National Geographic erklärt (auf
Englisch), wie der Decoy-Effekt in den
Entscheidungsprozess eingreift.
video.nationalgeographic.com/tv/brain-games/the-decoy-effect

The Pain of Paying
Dan Ariely erklärt in diesem YouTube-Video
(auf Englisch), was es mit dem „Schmerz des
Bezahlens" auf sich hat.

TUN

Selbstversuch
Versuchen Sie, eine Woche lang ausschließ-
lich Bargeld zu benutzen, und benutzen Sie
in der Woche darauf überhaupt kein Bargeld.
Wie haben Sie sich gefühlt? Wie hat sich Ihr
Geldausgeberverhalten verändert?

RESILIENZ

LEKTIONEN

09 ZUFÄLLIG ERFOLGREICH?
Glück ist wichtiger, als wir glauben.

10 DIE ROSAROTE BRILLE
Zu viel Optimismus ist auch nicht gut.

11 DIE AUFMERKSAMKEITSSTEUER
Das Verwalten der Finanzen bindet viele geistige Kapazitäten.

12 DER UMGANG MIT SCHULDEN
Kredite tilgen – aber wie?

Ein Puffer für Notfälle ist von entscheidender Bedeutung. Unerwartete Ausgaben können jemanden, der „eigentlich ganz gut klarkommt", völlig aus der Bahn werfen.

Niemand kann in die Zukunft schauen, wir wissen nicht, was morgen kommt. Für unser finanzielles Wohlbefinden ist es daher enorm wichtig, eine starke Widerstandsfähigkeit gegen unvorhergesehene kritische Ereignisse wie Gehaltskürzungen, Arbeitslosigkeit, eine Autoreparatur oder andere ungeplante Ausgaben zu entwickeln.

Ein Puffer für Notfälle ist von entscheidender Bedeutung. Unerwartete Ausgaben können jemanden, der „eigentlich ganz gut klarkommt", völlig aus der Bahn werfen. Wie bereits gesagt: Wohlstand erzeugt Wohlstand, aber finanzielle Unsicherheit kann Unsicherheit erzeugen.

Ohne Puffer könnte man versucht sein, einen Kurzzeitkredit aufzunehmen oder das Kreditkarten- oder Girokonto zu überziehen, was am Ende durch die anfallenden Zinsen und Gebühren umso teurer wird. Beim Tilgen dieser Schulden kann man verschiedenen Strategien folgen.

Geldknappheit ist auch kognitiv eine große Belastung. Sie kann dazu führen, dass man sich so sehr auf die unmittelbaren Finanzprobleme konzentriert, dass der Raum fehlt, um über andere Chancen nachzudenken. Wenn Sie spontan zu einem Bewerbungsgespräch für Ihren Traumjob eingeladen werden, kann das sonst routinemäßige Organisieren eines Babysitters anstrengende Verhandlungen mit sich bringen, weil das Budget dafür fehlt.

Harte Arbeit und Talent sind zwar wichtig, aber manchmal braucht man einfach Glück, deshalb ist ein Puffer so wichtig. Die meisten Menschen sind optimistisch und glauben nicht, dass ihnen persönlich etwas Schlimmes passieren wird. Und falls doch etwas passieren sollte, sind sie überzeugt, dass sie einen Weg finden werden, das zu überwinden. Diese Geisteshaltung hat zwar Vorteile, führt aber dazu, dass wir, wenn doch etwas schiefgeht, unvorbereitet sind.

Unerwartete finanzielle Notlagen können in eine ungesunde Abwärtsspirale münden. Während Sie versuchen durchzuhalten, kann die Tatsache, dass Ihre Gedanken ständig um den Mangel kreisen, das Problem verstetigen. Darum ist es so wichtig, von Optimismus auf Realismus umzuschalten und an seiner finanziellen Resilienz zu arbeiten.

ZUFÄLLIG ERFOLGREICH?

Auch wenn Sie wahrscheinlich noch nicht im Lotto gewonnen haben, haben Sie ganz sicher schon einmal Glück gehabt im Leben. Glück ist eine schicksalhafte Fügung und entzieht sich, genauso wie Pech, vollkommen unserer Kontrolle.

Dass Schicksal bzw. Zufall größeren Anteil am Erfolg haben, als viele meinen, führt Professor Robert Frank von der Cornell University auf die Tendenz zurück, sich an Fälle, in denen man Pech hatte, deutlicher zu erinnern als an Glücksfälle. Vielleicht liegt es auch daran, dass Erfolgreiche (und deren Ego) eher glauben, dass ihr Aufstieg durch ihr eigenes Handeln zustande kam und nicht durch äußere Umstände. In der Regel möchten wir gerne glauben, dass die Welt gerecht ist, um einen Sinn im Leben sehen zu können. Dieses fehlende Gewahrsein von Gegen- oder Rückenwind hat interessante Auswirkungen auf unsere Finanzen.

Natürlich hängt finanzieller Erfolg nicht *ausschließlich* vom Zufall ab, aber Frank weist darauf hin, dass harte Arbeit und Talent zwar notwendig, jedoch nicht die alleinige Bedingung für das Fortkommen sind. Die alltäglichen Entscheidungen und Handlungen erfolgreicher Personen und die Aufmerksamkeit, die sie ihren Leidenschaften widmen, haben zweifellos großen Anteil an ihrem Erfolg, aber andere arbeiten ebenfalls hart und pflegen ihre Talente. Zur Spitze hin werden die Unterschiede kleiner, und oft entscheidet der Zufall zwischen erstem und zweitem Platz, aber da in unserer kompetitiven, globalisierten Welt der Unterschied zwischen zweiter und erster Position häufig substanziell ist, fallen auch geringe zufällige Gewinne stärker ins Gewicht.

Vor ein paar Hundert Jahren reichte es, der Beste seiner Stadt, seines Dorfes oder Handelsnetzes zu sein. Heute ist der Bereich, in dem man „der Beste" sein muss, enorm gewachsen. Nehmen wir z. B. den Verkauf eines Bettgestells. Früher wäre der Transportaufwand so groß gewesen, dass die meisten es beim örtlichen Möbelhaus gekauft hätten. Heute verkaufen Firmen in alle Welt, im Sekundentakt. Dadurch bekommt die Frage, ob man an erster oder zweiter Stelle steht, und damit die Folge von Glück oder Pech, viel mehr Gewicht.

Hierbei ist es wichtig, Glück nicht mit Privilegien zu verwechseln. Manche Menschen haben das Glück, in ein privilegiertes Umfeld hineingeboren zu werden. Sie wachsen mit mehr Ressourcen auf, in einem stabileren Umfeld, gehen in bessere Schulen als andere, was ihnen Vorteile im Leben verschafft. Pech oder Glück können diesen Vorteil ausgleichen oder verstärken.

Wenn Kräfte, die wir nicht kontrollieren können, eine so große Rolle spielen, könnte man meinen, es lohne nicht, Zukunftspläne zu schmieden. Wer weiß schon, was morgen passiert? Hier kann man erwidern, dass es gerade dadurch, dass der Zufall bzw. das Schicksal unser Leben beeinflusst, wichtig ist, sich sowohl gegen negative Eventualitäten zu wappnen, als auch stärker im traditionell positiven Sinne aktiv zu werden und auf Erfolge hinzuarbeiten, also z. B. gezielt und mit dem nötigen Einsatz die eigenen Fähigkeiten weiterzuentwickeln.

71

BEREIT FÜRS GLÜCK

Per Definition ist es unmöglich, den Zufall zu kontrollieren. Aber Sie können sich in Situationen begeben, in denen Sie, *falls* Sie Glück haben, in der Lage sind, dieses Glück optimal für sich zu nutzen. Samen wachsen nicht ohne Erde, und eine Glückssträhne braucht ein bestelltes „Feld", das aufnahmebereit ist. Indem Sie hart arbeiten, sich weiterbilden und zur richtigen Zeit am richtigen Ort sind, können Sie das Glück beim Schopf ergreifen, wenn es kommt.

Als Erstes denken Sie über Ihre Stärken und Schwächen nach. Worin sind Sie gut? Bauen Sie Ihre Fähigkeiten aus, werden Sie besser, spezialisieren Sie sich. Sind Sie in etwas richtig schlecht? Dann überlegen Sie, was Sie tun könnten, um ein bisschen weniger schlecht darin zu sein. Das muss kein gewaltiges Projekt sein. Das Meistern einer kleinen, wiederholbaren Aufgabe innerhalb eines größeren Gebietes kann ein kleiner Gewinn sein, der motiviert, ähnliche Aufgaben zu bewältigen und das Leistungsvermögen zu steigern. Auf diese Weise bauen Sie, während Sie auf das Glück warten, Ihre Kompetenzen aus.

Wir sollten uns unseres Erfolgs bewusst sein und stolz auf das, was wir geleistet haben, aber gleichzeitig versuchen, die Faktoren außerhalb unserer Kontrolle anzuerkennen, die uns geholfen haben, dorthin zu gelangen. Die folgende Übung des Forschers Yuezhou Huo kann helfen: Denken Sie an etwas in Ihrem Leben, das Sie persönlich als Erfolg bewerten. Schreiben Sie es auf. Nun benennen Sie drei spezifische Ereignisse oder unkontrollierbare Kräfte, die zum Erreichen dieses Erfolgs beitrugen.

Dieses Gedankenexperiment kann sich positiv auf Ihre Großzügigkeit, Ihr Wohlbefinden und sogar Ihre Chancen auswirken: Studien zeigten, dass Menschen, die Faktoren außerhalb ihrer Kontrolle auflisteten, großzügiger waren als jene, die Kontrollierbares nannten. Sie spendeten einen größeren Teil des Geldes, das sie für die Teilnahmen an der Studie bekamen, an wohltätige Organisationen. Indem Sie darüber nachdenken, welche Umstände Ihren letzten Glücksfall begleiteten, können Sie vielleicht besser vorhersehen, wo künftig eine glückliche Fügung auf Sie warten könnte.

Robert Frank plädiert für eine progressive Konsumsteuer, um die negativen Effekte auszugleichen, die manchen Mitgliedern der Gesellschaft durch einen Unglücksfall entstehen. Steuern sollten nicht auf das Einkommen erhoben werden, sondern auf Waren und Dienstleistungen außerhalb des Grundbedarfs, und sie sollten steigen, je mehr man ausgibt. Die Nettokaltmiete würde also nicht besteuert, Luxusausgaben wie eine Yacht aber sehr wohl. Diese Besteuerung würde kleine Ausgaben nur wenig treffen, und die Steuereinnahmen könnte man in Infrastruktur (bessere Schulen, Ausbau des Verkehrsnetzes) investieren, von denen alle profitieren, Reiche und Arme.

Samen wachsen nicht ohne Erde, und eine Glückssträhne braucht ein bestelltes „Feld", das aufnahmebereit ist, damit sie unser Leben verändern kann.

DIE ROSAROTE BRILLE

Welche Erwartungen haben Sie an Ihre Zukunft? Wird insgesamt alles gut gegangen sein – verdient Ihr zukünftiges Ich mehr, boomt die Wirtschaft? Oder eher nicht – haben Sie oder Ihre Lieben mit Krankheit oder Arbeitslosigkeit zu kämpfen?

Die meisten Menschen blicken recht optimistisch in die Zukunft und glauben, dass Gutes vor ihnen liegt. Optimismus ist aus verschiedenen Gründe wichtig, aber nur weil wir glauben und erwarten, dass uns eine rosige Zukunft bevorsteht, gibt es keine Garantie, dass dem auch so sein wird. Und genau hier kann unser Hang zu Optimismus zum Problem werden.

Es gibt verschiedene Methoden, um zu messen, wie stark jemand zu unrealistischem Optimismus neigt. In manchen Studien werden die Teilnehmer z. B. nach ihren Erwartungen mit Blick auf künftige Ereignisse befragt, und dann misst man, ob und wie diese Ereignisse – etwa das Anfangsgehalt im neuen Job, die Qualität des Urlaubs, das Auftreten positiver Dinge im nächsten Monat – tatsächlich eingetreten sind. Wenn die Erwartungen systematisch die Realität übertreffen, handelt es sich um einen optimistischen Fehlschluss.

Eine andere Studie eruierte, wie weit die Teilnehmer ihre Lebenserwartung überschätzten. Die Antworten auf die

Frage: „Was denken Sie, wie lang Sie leben werden?", stellten die Forscher Manju Puri und David Robinson dem je nach Lebensweise statistisch zu erwartenden Lebensalter gegenüber. Jene, die länger zu leben glaubten, als die Tabellen vorhersagten, wurden als optimistisch eingeschätzt.

Diese Studie unterschied außerdem zwischen gemäßigten und extremen

Anstrengungen sich eines Tages auszahlen werden. Tatsächlich arbeiten gemäßigte Optimisten mehr und erwarten insgesamt ein längeres Arbeitsleben.

Problematischer für das finanzielle Wohlbefinden ist der extreme Optimismus. Wer allzu optimistisch ist, ist schlechter auf Rückschläge vorbereitet. Puri und Robinson ermittelten, dass extreme Optimisten weniger arbeiteten, weniger Ersparnisse besaßen und einen größeren Teil ihres Vermögens in schwer zu liquidierende Aktiva anlegten – vermutlich, weil sie die Wahrscheinlichkeit negativer Ereignisse unterschätzten: Wer erwartet, dass alles gut gehen wird, baut keinen Puffer ein und hat keinen raschen Zugang zu Bargeld.

Kürzlich fand man heraus, dass die meisten Menschen zwar davon ausgehen, dass sowohl Einkommen als auch Ausgaben in Zukunft steigen werden, sie aber unterschätzen, wie stark die Ausgaben steigen werden. Eine andere Studie ergab, dass wir dazu neigen, uns bei Ausgaben, die „ausnahmsweise" anfallen, zu übernehmen: Weil diese Ausgaben Sonderfälle sind, nehmen wir sie jeweils als Einzelfall wahr und vergessen, dass sie sich summieren. Diese Kombination aus Unterschätzen und verschwenderischem Ausgeben kann uns später teuer zu stehen kommen.

Optimisten und ergab, dass die gemäßigten im Schnitt gesünder sind, mit größerer Wahrscheinlichkeit nach einer Scheidung noch einmal heiraten, ihre Kreditkartenrechnung rechtzeitig bezahlen und mehr Ersparnisse haben. Optimismus schafft eine solide Grundlage für das Aufbieten von Willenskraft (s. Lektion 19) und hilft uns zu glauben, dass unsere

AUFS BESTE HOFFEN, MIT DEM SCHLIMMSTEN RECHNEN

Wie lässt sich unrealistischer Optimismus kurieren? Würde es helfen, die tatsächlichen Wahrscheinlichkeiten für verschiedene Ereignisse zu erfahren? Klingt vernünftig. Doch die Neurowissenschaftlerin Tali Sharot deckte auf, dass wir erstaunlich resistent darin sind, unsere Überzeugungen an neue Gegebenheiten anzupassen. Vor allem gehen wir dabei selektiv vor: Wenn sich etwas als besser herausstellt als von uns vorausgesagt, passen wir unsere Einstellung an; wenn aber eine neue Information unsere Erwartungen unterläuft (und eigentlich unseren Optimismus dämpfen sollte), ändert das kaum etwas an unserer Einstellung. Es scheint, als würde nur das zu uns durchdringen, was wir hören wollen.

Extremer Optimismus ist aus finanzieller Sicht unvorsichtig, aber extremer Pessimismus scheint ebenso wenig wünschenswert. Wer jahrzehntelang knausert und spart, verpasst vielleicht emotional bereichernde Erfahrungen und wird am Ende doch Opfer eines tragischen Unfalls. Andererseits kann es sein, dass jemand, der sein erfülltes Leben genießt, sein Geld verpulvert und es versäumt, an die Zukunft zu denken, im Alter nicht mehr arbeiten kann und keine Ersparnisse hat. Unsere finanzielle Zukunft malen wir uns häufig in extremen Farben aus, die Realität liegt eher irgendwo in der Mitte.

Das Leben ist voller Unsicherheiten und Risiken. Dinge geschehen, Möglichkeiten ergeben sich, die wir nicht vorhergesehen haben. Bei unserer Finanzplanung müssen wir daher das für uns geeignete Gleichgewicht finden.

In Anbetracht der Vorteile eines gemäßigten Optimismus scheint es sinnvoll, eine relativ rosige Einstellung beizubehalten, sich aber auch auf böse Überraschungen vorzubereiten.

Nobelpreisträger Daniel Kahneman plädierte für die „Premortem-Methode". Bei diesem Gedankenexperiment stellen Sie sich vor, dass Ihr Projekt (Ihre Finanzen, Ihr Leben) sich als Katastrophe erweist. Das bringt Sie dazu, darüber nachzudenken, was Sie tun könnten, um diese Situation zu vermeiden oder deren Konsequenzen abzumildern.

Wenn diese Art der Horrorszenario-Planung nichts für Sie ist, können Sie auch beim Aufstellen Ihres nächsten Finanzplans auf die zu erwartenden Ausgaben (die wir ja häufig zu gering einschätzen) einfach noch etwas draufschlagen. Prüfen Sie, ob Ihr Puffer noch ausreicht und welche Versicherungen Sie eventuell brauchen.

Sie vergegenwärtigen sich das Worst-Case-Szenario, erlauben sich aber den Glauben, dass es nicht eintreten wird. Wie heißt es so schön: „Aufs Beste hoffen, mit dem Schlimmsten rechnen und sich überraschen lassen."

Vergangenheit

Zukunft

SIND SIE AUF ÜBERR VORBEREI

FINANZIELL ASCHUNGEN TET?

DIE AUFMERKSAMKEITSSTEUER

Vor einigen Jahren zeigte ein TV-Werbespot ein Basketball-Spiel und stellte die einfache Aufgabe, die Ballwechsel zu zählen. Ich zählte hochkonzentriert mit und war mir ziemlich sicher, die richtige Antwort zu wissen. Doch statt die korrekte Zahl zu verkünden, fragte der Spot: „Haben Sie die Frau im Petticoat gesehen?" Eine Person in einem auffälligen Kostüm war quer übers Spielfeld gelaufen – und ich hatte sie überhaupt nicht bemerkt!

Weil unsere Aufmerksamkeit begrenzt ist, wenn wir der Regelung unserer Finanzen kognitive Kapazitäten widmen müssen, fällt es uns unter Umständen schwer, anderen wichtigen Lebensentscheidungen genug Aufmerksamkeit zu schenken.

Um eine bessere Vorstellung von dieser Einschränkung zu bekommen, können Sie die Höhe Ihres Budgets und die Summe der Ausgaben mit einem Koffer und der Menge an Dingen vergleichen, die Sie hineinpacken wollen. Wenn Sie einen großen Koffer haben (d. h. viel Geld), ist es einfach, alles hineinzupacken, was Sie brauchen (um Ihre Unkosten zu decken). Wenn aber der Koffer klein oder Ihr Bedarf groß ist, wird das Kofferpacken schwierig und die Entscheidungsfindung komplexer. Ob Sie die Flip-Flops mitnehmen, hängt dann davon ab, ob Sie sie für notwendig erachten, aber auch davon, was Sie zurücklassen müssen, damit sie hineinpassen. Diese Abwägungsentscheidungen sind kognitiv anspruchsvoll. Sie binden viele geistige Kapazitäten. Die Verhaltenswissenschaftler Sendhil Mullainathan und Eldar Shafir sprechen von „kognitiver Bandbreite".

Mullainathan, Shafir und Kollegen führten umfangreiche Studien zu diesem Thema durch. Es zeigte sich, dass Menschen in Zeiten finanzieller Not dazu neigen, ihre Aufmerksamkeit beinahe ausschließlich auf das unmittelbare Problem zu lenken. Das kann Vorteile haben, es kann aber auch in einen Teufelskreis münden. Wer aufgrund von finanziellen Engpässen seine kognitive Bandbreite für schwierige Abwägungen aufbraucht, hat keinen „Kopf" für andere wichtige Entscheidungen.

Die Forscher fanden z. B. heraus, dass indische Zuckerrohrbauern unmittelbar vor der Ernte, als das Geld knapp war, bei Tests, die die fluide Intelligenz maßen (die Fähigkeit, Probleme zu lösen und logisch zu denken), schlechter abschnitten als nach der Ernte, als sie relativ reich waren. Die Differenz der Testergebnisse entsprach ungefähr 13 IQ-Punkten. Wer arm ist, zahlt also eine „kognitive Steuer". Das bedeutet, dass es uns ausgerechnet dann, wenn wir am hilfsbedürftigsten sind, am schwersten fällt, uns aus der Misere zu befreien.

KAPAZITÄTEN FREISETZEN

Der frühere US-Präsident Barack Obama soll während seiner Amtszeit nur zwei verschiedene Anzüge getragen haben, weil er seine kostbaren geistigen Kapazitäten nicht für die Kleiderfrage verwenden wollte, wo es so viel wichtigere Entscheidungen zu treffen galt. Aber was können wir tun, wenn wir merken, dass in unserem Kopf nicht genügend Platz ist, um gute Entscheidungen zu treffen?

Wir können uns das Leben leichter machen, indem wir uns bei schwierigen Entscheidungen helfen lassen oder Wege finden, um unser Aufmerksamkeitsreservoir wieder aufzufüllen. Holen Sie von einer Person, der Sie vertrauen, eine zweite Meinung ein. Schlafen Sie eine Nacht darüber und wenn es irgendwie geht, verschieben Sie die Entscheidung auf einen Zeitpunkt, an dem Sie weniger eingeengt und/oder überlastet sind. Heutzutage werden stets schnelle Antworten erwartet, aber Sie werden staunen, was das Verschieben eines Termins bewirken kann.

Mullainathan und Shafir regen an, Organisationen könnten Menschen das Leben erleichtern, indem sie z. B. ihre Produkte oder Prozesse so gestalten, dass die Standardoption vielen Menschen dient.

Die Verhaltenswissenschaft hat gezeigt, dass wir dazu tendieren, den Status quo beizubehalten, selbst dann, wenn wir erfahren, dass die Vorgaben willkürlich festgelegt wurden. Im Vordergrund steht hier nicht, den Nutzen einiger Personen zu maximieren, sondern negative Auswirkungen auf viele zu minimieren.

Außerdem können Unternehmen unterstützende (und kostenlose) Angebote machen, die die „Aufmerksamkeitssteuer" der Menschen senken, z. B. Kinderbetreuung.

Natürlich ist es schwierig, Betriebe zu verändern. Wir können unser Stimmrecht nutzen, um die entsprechende Politik zu unterstützen, und unseren beruflichen Einfluss, um Veränderungen am Arbeitsplatz sowie Verbesserungen für Kunden und Mitarbeiter zu bewirken. Der Schlüssel liegt darin, sich in die Menschen, die Ihre Produkte benutzen, einzufühlen und eine Umgebung zu schaffen, die sich positiv auf die limitierte kognitive Bandbreite auswirkt.

Das Problem ist selbstverstärkend und daher schwer anzugehen, aber es verdeutlicht, wie sinnvoll es ist, leicht zugängliche Ersparnisse für jene Fälle aufzubauen, in denen die Ausgaben den verfügbaren Rahmen zu sprengen drohen.

DER UMGANG MIT SCHULDEN

Kreditkarten, Privatkredite, Kontoüber-
ziehung, der Gefallen, den Ihnen ein Freund
erwiesen hat – Schulden können sich
addieren. Wie geht man vor, wenn man
verschiedene Schulden abbezahlen muss?
Welche Schulden haben Priorität?

Mathematisch gesehen ist die Antwort
klar: zuerst alle Mindesttilgungen, dann die
Kreditschuld mit den höchsten Zinskosten.

Aber der Mensch handelt nicht immer so,
wie es im Lehrbuch steht, und das gilt ganz
besonders für das Tilgen von Schulden.
Manchmal haben wir sogar das Geld (z. B.
auf einem Sparbuch), nutzen es aber nicht,
um unseren Kredit abzulösen, obwohl uns
durch die Zinskosten das Festhalten an dem
Kredit teuer zu stehen kommt. Oder wir
bezahlen statt des teuersten Darlehens das
kleinste oder von jedem Kredit ein bisschen
zurück. Und bei Kreditkarten kann die
fettgedruckte Angabe des Mindestbetrags,
der zu zahlen ist, uns dazu verführen,
weniger als den gesamten Saldo zu
überweisen. Schauen wir uns diese Fälle im
Einzelnen an.

Co-Holding

Sowohl ausreichend liquide Mittel als auch
Schulden zu haben, kann teuer werden, weil
die Guthabenzinsen auf das Ersparte immer
niedriger sind als der Kreditzins. In anderen
Worten: Die Schulden kosten Sie mehr und
wachsen schneller an als die Gewinne,
die Sie von Ihren Ersparnissen erzielen.
Ökonomen bezeichnen diese Situation als
„Co-Holding", und trotz der Kosten kommt
dieses Verhalten nicht selten vor, wie Studien
in Großbritannien und den USA ergaben.
Die Verhaltensökonomen John Gathergood
und Joerg Weber fanden heraus, dass ca.
12 % der britischen Haushalte Co-Holding
betreiben und dadurch jährlich rund 650£
zusätzlicher Zinskosten haben. Dabei
müssten sie einfach nur das vorhandene
Geld benutzen, um ihre Schulden zu tilgen!

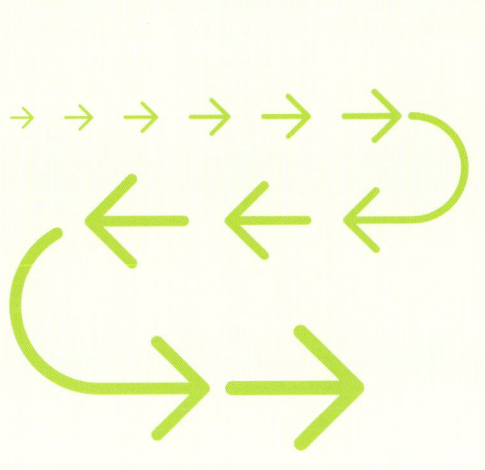

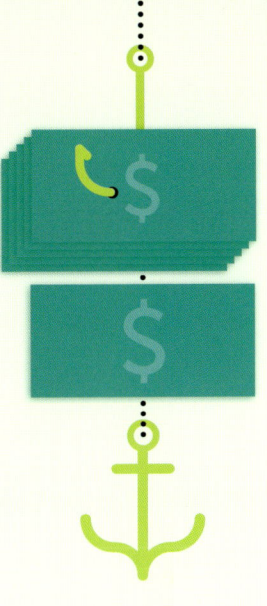

Schulden tilgen

Statt zuerst das teuerste Darlehen zurückzubezahlen, tilgen manche Leute zuerst den kleinsten Kredit, unabhängig vom Zinssatz, offenbar um die Anzahl der offenen Forderungen zu reduzieren. Bei dieser sogenannten Schneeball-Methode verzichten Menschen, die mehrere Kredite bedienen müssen, darauf, den gesamten Schuldenberg so schnell wie möglich abzutragen. Durch diese Ineffizienz können unnötige Zinskosten anfallen.

Andere gehen so vor, dass sie den Schuldenbetrag mit dem niedrigsten Kreditrahmen tilgen, um das Risiko einer Überschreitung zu mindern, oder den mit dem höchsten Kreditrahmen, um Spielraum für eine zukünftige große Anschaffung zu haben. Wieder andere bedienen alle Kredite mit einem gleich hohen Betrag oder bezahlen Kreditkartenschulden im gleichen Verhältnis zurück wie ihren Dispo.

Mindestbetrag als Anker

Bei der typischen Kreditkartenabrechnung werden häufig sowohl der zu zahlende Mindestbetrag als auch der Saldo als wichtige Informationen hervorgehoben und erregen unsere Aufmerksamkeit. Verhaltensforscher Neil Stewart fand heraus, dass für manche Menschen der Mindestbetrag als Anker fungiert (s. Lektion 4), d. h., sie orientieren sich in erster Linie an diesem geringeren Betrag und lassen sich dahingehend beeinflussen, weniger zu bezahlen, als sie eigentlich könnten – was wiederum dazu führt, dass zusätzliche Zinsen anfallen.

Verschiedene Schuldentilgungsstrategien haben verschiedene Vorteile. Manche sind finanziell lohnend, andere fördern die Motivation.

EINFACHER ODER BILLIGER?

Hat es Vorteile, Schulden nicht gemäß der offiziellen Lehrbuchmeinung zu tilgen? Oder sind solche Ansätze schlicht falsch?

Co-Holding

Co-Holder sind nicht dumm. Die von Gathergood und Weber erforschten Co-Holder waren finanziell versiert und hatten einen hohen Bildungsgrad. Einige von ihnen bezeichneten sich jedoch als überdurchschnittlich impulsiv beim Geldausgeben. In diesem Falle ist Co-Holding kein Fehler, sondern dient dazu, die eigene Impulsivität einzudämmen. Manche rühren ihre Ersparnisse absichtlich nicht an, weil sie befürchten, der Versuchung erliegen zu können, alles auszugeben. Die höheren Zinskosten sind in diesem Fall tatsächlich sinnvoll, weil sie als besonders schmerzliche Abschreckung gegen impulsives Geldausgeben fungieren.

Aber auch ohne diesen verhaltensregulierenden Aspekt kann es gute Gründe geben, für alle Fälle ein paar liquide Mittel vorzuhalten. Manches lässt sich nicht per Kreditkarte bezahlen, dann ist es gut, auf Bargeld zurückgreifen zu können.

Wenn Sie Co-Holder sind, überlegen Sie, in welcher Höhe ein Notgroschen für Sie sinnvoll ist und ob die Zusatzkosten gerechtfertigt sind, um Ihre Impulsivität im Zaum zu halten. Falls dem so ist, kann trotz teurer Schulden ein Guthaben auf dem Girokonto angemessen sein. Vielleicht fallen Ihnen ja auch noch andere Möglichkeiten ein, Ihr impulsives Geldausgabeverhalten zu kontrollieren, um Ihre Zinskosten niedrig zu halten?

Schneeball-Methode

Warum sollte jemand seine Schulden nach der – rein rechnerisch suboptimalen – Schneeball-Methode abbezahlen, also den kleinsten Kredit zuerst tilgen? Es kann sein, dass manche Leute die Kosten nicht ganz überblicken und unterschätzen, wie sich die Tilgung von Zinsen auswirkt. Als Moty Amar und seine Forscherkollegen den Studienteilnehmern die Zinskosten, die während der Kreditlaufzeit anfallen, in Dollar (statt nur in Prozent) vorlegten, stieg bei ihnen die Wahrscheinlichkeit, die Kredite mit den höchsten Kosten zuerst zu tilgen.

In psychologisch-kognitiver Hinsicht kann die Schneeball-Methode allerdings durchaus Vorteile haben. Manche Menschen motiviert es, ein großes, abstraktes Ziel (schuldenfrei sein) in kleinere, konkrete Ziele aufzuteilen. Das Erreichen eines Zieles (das Schließen eines Kreditkartenkontos) macht es leichter, weiter auf das größere Ziel hinzuarbeiten.

Die Anzahl der Kredite zu reduzieren, kann kognitive Gewinne bringen, weil weniger Zahlungsparameter und Fälligkeiten zu beachten sind. Die frei gewordenen kognitiven Kapazitäten kann man für andere Finanzoptimierungen einsetzen.

Zuerst die Bedingungen klären

Zuerst sollten Sie die Kosten und Rück-zahlungsbedingungen Ihres Kredits durch-gehen und nachfragen, wenn Sie etwas nicht verstehen. Rechnen Sie aus, was die Prozentsätze in Euro bedeuten, damit Sie wissen, was Ihr Kredit tatsächlich kostet. Machen Sie sich klar, wie viel von dem, was Sie zurückbezahlen, die Kreditsumme ist und wie viel die Kreditkosten ausmachen.

Fazit: Mathematisch betrachtet ist es am besten, das teuerste Darlehen zuerst abzubezahlen. Ist der Zinssatz der gleiche oder mangelt es Ihnen an Motivation, kann die Schneeball-Methode hilfreich sein.

TOOLKIT

09

Der Zufall hat größeren Anteil an unseren Erfolgen, als wir wahrhaben wollen, vielleicht weil es leichter fällt zu glauben, dass man aufgrund der eigenen Taten erfolgreich ist. Am besten sind Sie allzeit bereit: Gestalten Sie Situationen, in denen Sie, sobald sich eine Chance ergibt, in der Lage sind, diese zu ergreifen und das Beste daraus zu machen.

10

Optimismus hat beachtliche Vorteile, vom morgendlichen Motivationsschub, um aus dem Bett zu kommen, bis zum Aufbieten der Willenskraft, Versuchungen zugunsten einer finanziell besseren Zukunft zu widerstehen. Aber Optimismus kann auch schaden: Wenn wir es versäumen, negative Ereignisse – Arbeitslosigkeit, Einbrecher, Kostenanstieg – einzukalkulieren, sind wir gegebenenfalls nicht gewappnet. Wir können nicht in die Zukunft schauen, aber wir entscheiden, nach welchen Szenarien wir unsere Finanzplanung ausrichten. Worst-Case-Szenarien oder Pre-mortems zeigen auf, was schiefgehen kann, und geben Ihnen die Möglichkeit, im Vorfeld zu überlegen, wie Sie sie verhindern können. Ein ausreichend großer finanzieller Puffer für Notfälle hilft auf jeden Fall.

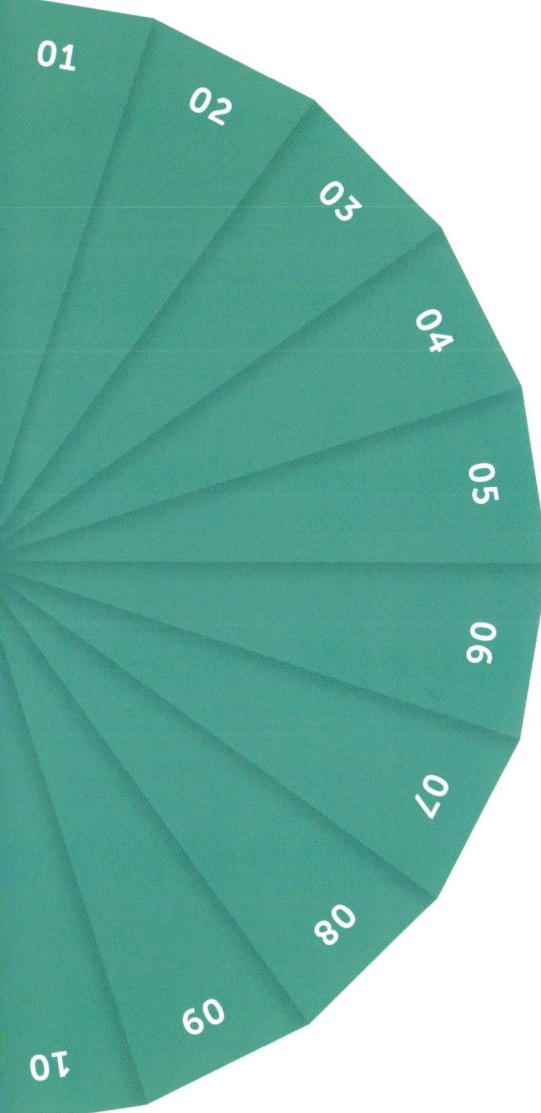

01
02
03
04
05
06
07
08
09
10

11

Nicht genug Geld zu haben, kann in eine dauerhafte finanzielle Misere münden. Zwar können Beschränkungen helfen, sich auf das Wesentliche zu konzentrieren, aber das Verwalten des Mangels kann kognitiv sehr anstrengend sein, und die Beanspruchung der geistigen Kapazitäten schmälert die Fähigkeit, Entscheidungen im eigenen Interesse zu treffen. Organisationen sollten ihre Vorgänge vereinfachen, damit wir uns besser auf die wesentlichen finanziellen Fragen konzentrieren können.

12

Viele Menschen greifen in schlechten Zeiten auf Kreditkarten oder andere kurzfristige Kredite zurück. Wenn man mehrere Kredite hat, kann die Reihenfolge, in der man sie zurückzahlt, großen Einfluss darauf haben, wie viel Zinsen man insgesamt zahlt. Suboptimale Rückzahlungsstrategien können teuer werden. Es erscheint paradox, sowohl Schulden als auch Ersparnisse zu besitzen (warum nicht einfach mit dem Ersparten die Schulden tilgen?), aber es gibt praktische (liquide Mittel für Notfälle) und psychologische (Impulskontrolle) Argumente, die dafürsprechen.

ZUR VERTIEFUNG

LESEN

Ohne Glück kein Erfolg. Der Zufall und der Mythos der Leistungsgesellschaft
Robert Frank (dtv, 2018)

Knappheit – was es mit uns macht, wenn wir zu wenig haben
Sendhil Mullainathan und Eldar Shafir
(Campus Verlag, 2013)

ANHÖREN

Why you need an emergency fund
Der Podcast des „Pineapple Project".
abc.net.au

ANSCHAUEN

The Optimism Bias
Tali Sharot
TED Talk

Living Under Scarcity
Eldar Shafir
TED Talk

ERFORSCHEN

Der unsichtbare Gorilla
Testen Sie Ihre Aufmerksamkeit!
theinvisiblegorilla.com/videos.html

Years You Have Left to Live, Probably
Hier können Sie Ihre Lebenserwartung ausrechnen – Zeit für eine Portion Realismus!
flowingdata.com/2015/09/23/years-you-have-left-to-live-probably

LANGFRISTIG PLANEN

LEKTIONEN

13 LOTTERIESPIEL
Die Versuchung ist groß.

14 TRAU, SCHAU, WEM!
Verlässlichkeit zählt.

15 WARUM FÄLLT ES SO SCHWER, SICH AUF DIE ZUKUNFT VORZUBEREITEN?
Psychologische Distanz.

16 BEREIT FÜR DEN RUHESTAND?
Denken Sie an Ihr zukünftiges Ich.

Langfristiges Planen ist äußerst wichtig und komplex. Häufig bedeutet es schwierige Abwägungen und Investitionen mit ungewisser Rendite.

Was sehen Sie, wenn Sie an Ihre Zukunft denken? Es gibt ein paar große Entscheidungen im Leben, die es bei langfristigen Planungen zu berücksichtigen gilt – Wohnen, Beziehungen, Familie und Sorgearbeit, (Weiter-)Bildung, Reisen und andere Abenteuer, Arbeit, berufliche Entwicklung und Rente. Geld ist bei diesen Entscheidungen nicht der einzig relevante Faktor, aber die Frage nach der Finanzierung fließt immer in die Gleichung mit ein.

Wie finanzieren Sie Ihre Zukunft?

Spoiler-Alarm: Wahrscheinlich nicht durch einen Lottogewinn, sorry. Ich auch nicht. Aber Träumen ist erlaubt, und dieses Kapitel untersucht, warum so viele Lotto spielen.

Lottogewinner oder nicht – irgendwann werden wir vermutlich in Rente gehen, es wäre also vernünftig, sich darauf vorzubereiten. Wenn ich mich mit Freunden unterhalte, habe ich das Gefühl, dass sich zwar keiner von uns alt fühlt, wir aber wissen, dass wir nicht mehr die Jüngsten sind und dass wir viel zu spät begonnen haben, Geld für die Rente beiseitezulegen. Das geht vielen so, vielleicht, weil bei Dingen, die weit entfernt scheinen, die Motivation fehlt, sich damit zu beschäftigen. So wird die löbliche Absicht, „irgendwann" einen Rentensparplan aufzustellen, stetig verschoben.

Es gibt zwar Strategien, die wir nutzen könnten, um uns einen Ruck zu geben, aber auch das System könnte besser aufgestellt sein: Regierungen und Arbeitgeber sollten Strukturen schaffen, die weniger auf unsere löblichen Absichten bauen, sondern danach ausgerichtet sind, wie der Mensch tatsächlich funktioniert. Verhaltenswissenschaftler bezeichnen diese Struktur als Entscheidungsarchitektur. Die richtige Entscheidungsarchitektur kann Verhaltensänderungen bewirken – unter anderem auch mit dem Ziel, Arbeitende dabei zu unterstützen, bessere Altersvorsorge zu betreiben.

Viele große Entscheidungen haben langfristige Konsequenzen, daher weiß man nicht sofort, ob man sich für das Richtige entschieden hat. Oft müssen wir in der Gegenwart ein Opfer bringen oder in etwas investieren, das sich erst irgendwann in der Zukunft lohnen wird. Daher kommt es bei den Abwägungen zwischen dem Jetzt und der Zukunft darauf an, wie beständig und verlässlich unser Leben ist. Das Opfer, das ich jetzt bringe, ist real, aber die künftige Rendite ist bloße Erwartung, erst recht in einem unsicheren Umfeld.

Dieses Abwägen zwischen dem Jetzt oder Später ist emblematisch für langfristiges Planen, daher ist ein Verständnis dieser Komponente des finanziellen Wohlbefindens entscheidend für den Aufbau der finanziellen Zukunft, die wir uns erhoffen.

LOTTERIESPIEL

Im August 2017 erfuhr eine Frau aus einer britischen Kleinstadt, dass sie eine Landhausvilla im Wert von 845.000 Pfund gewonnen hatte, dank Lottoscheinen für 40 Pfund. In derselben Woche gewann eine Frau in den USA einen Powerball-Jackpot in Höhe von 758.700.000 Dollar.

So einen Haufen Geld kann man sich in Geldnoten kaum mehr vorstellen, aber es macht Spaß, sich auszumalen, welchen Lebensstil man mit solchen Reichtümern führen könnte. Mit einem Lotterielos erwirbt man sozusagen eine Lizenz zum Träumen. Allerdings sind die Gewinnchancen winzig, warum sollte man da ein Los kaufen?

Untersuchungen des Ökonomen und Nobelpreisträgers Daniel Kahneman und seines (1996 verstorbenen) Mitarbeiters Amos Tversky zeigen, dass Menschen dazu neigen, geringe Wahrscheinlichkeiten zu überschätzen. Bei einer Wahrscheinlichkeit von 100 % oder 0 % ist es sicher, dass etwas eintritt oder nicht. Wenn die Wahrscheinlichkeit jedoch knapp unter 100 % oder knapp über 0 % liegt, können wir nur schwer erkennen, wie nah an „sicher" das ist. Vielleicht sind Sie ja die Ausnahme von der Regel und die eine Person von 140 Millionen (6 Richtige und Superzahl)?!

Interessanterweise kommen beim Loskauf weitere psychologische Phänomene zum Tragen, die bewirken, dass Sie dieses bestimmte Los unbedingt behalten wollen. Die meisten würden ihr Los nicht einmal gegen einen Aufpreis verkaufen. Das hat zum Teil damit zu tun, dass wir, sobald wir ein Gut

besitzen, es als wertvoller einschätzen. Die Verhaltensökonomik hat hierfür den Begriff des „Besitztumseffekts" geprägt. Würden wir „rational" handeln, d. h., traditionellen Wirtschaftstheorien gehorchen, wäre es unsinnig, mehr Geld für etwas zu verlangen, als wir dafür zu zahlen bereit waren (plus Transaktionskosten). Aber wir fällen unsere Entscheidungen nicht rein rational, wir sind Menschen, und sobald uns etwas gehört, fühlen wir uns diesem Gut verbunden und messen ihm einen subjektiven Wert bei.

Ein weiterer Grund, warum wir unser Los nicht hergeben wollen: Wir wollen es später nicht bereuen müssen. Reue ist ein unangenehmes Gefühl, das wir zu vermeiden suchen, auch unterbewusst. Marcel Zeelenberg und Rik Pieters fanden heraus,

dass Menschen es tendenziell heftiger bereuen, nicht Lotto gespielt zu haben, wenn sie wissen, dass sie gewonnen hätten, z. B. weil die Postleitzahl eine Gewinnzahl ist oder sie immer die gleichen „Glückszahlen" nehmen. Bei Lotterien, wo das Los oder die Gewinnzahlen zufällig ausgewählt wurden, weiß man nicht, ob man gewonnen hätte.

2011 versäumte ein IT-Angestellter in New York, den Spieleinsatz für die wöchentliche Büro-Lotterie zu bezahlen. In dieser Woche gewannen seine Kollegen einen 319-Millionen-Dollar-Jackpot, und ihm entging sein Pauschalanteil in Höhe von 16 Millionen Dollar – er ärgert sich bestimmt heute noch! Und genau wegen dieser „Reueaversion" würden wir unser Los wahrscheinlich nicht verkaufen.

FÜRS TRÄUMEN BEZAHLEN

Zu empfehlen, niemand solle Lotto spielen, wäre pure Heuchelei – ich kaufe selbst ab und zu gerne ein Los.

Einerseits sprechen viele gute Gründe dagegen. Je nach Art der Lotterie sind die Gewinnchancen so verschwindend gering, dass niemand, der bei klarem Verstand ist, ernsthaft auf die Idee käme, ein Los zu kaufen. Der lästige Blick auf die Gewinnchancen dämpft zwar die Kauffreude, hilft aber, sich klarzumachen, dass ein Gewinn so gut wie ausgeschlossen ist.

Wenn Sie dann *doch* gewinnen, steht nicht fest, dass Ihr gewandelter Lebensstil sich tatsächlich anhaltend und langfristig auf Ihren Glückslevel auswirken wird. Wie in Lektion 3 dargelegt, sind wir geneigt zu erwarten, dass ein singuläres Ereignis einen übergroßen Effekt auf unser künftiges Glücksgefühl haben wird, und ignorieren die vielen anderen Faktoren, die um unsere Aufmerksamkeit buhlen.

Statt jede Woche 2 Euro für ein Los auszugeben, könnten Sie einen entsprechenden Dauerauftrag aufs Sparkonto einrichten. Selbst bei 0 % Zinsen können Sie sich am Ende des Jahres über 104 Euro freuen. Die werden Ihr Leben nicht so sehr verändern wie ein 700-Millionen-Jackpot, sind aber ein schönes Extra. Wenn Sie das beibehalten und mit 1 % Zinsen rechnen, haben Sie nach 15 Jahren 1.674 Euro beisammen. Wenn Sie das Geld in einen Indexfonds mit besserer Performance und durchschnittlich 7 % Rendite investieren, können es 2.613 Euro werden. Natürlich müssen Sie Steuern, Gebühren und Inflation berücksichtigen, aber immer noch besser, als das Geld zu verspielen, oder?

Andererseits: Solange der Betrag, den man dafür ausgibt, niedrig genug ist, gefährdet das die finanzielle Lage nicht. Sie können dieses Geld auch als den Preis für Reue-Vermeidung und Traum-Lizenz verbuchen. Wer nicht mitmacht, kann schließlich nicht gewinnen.

TRAU, SCHAU, WEM!

Was ist besser: der Spatz in der Hand oder die Taube auf dem Dach? Ein Marshmallow jetzt oder später zwei?

Die Fähigkeit, auf ein unmittelbares Vergnügen zu verzichten im Austausch gegen einen späteren höheren Ertrag, ist wesentliche Voraussetzung für viele große Herausforderungen in allen Lebensbereichen. Nur wer jetzt investiert – weniger Geld ausgibt, Kalorien einspart, TV-Konsum reduziert –, kann später die Erträge genießen.

Dieses zukunftsorientierte Verhalten gilt traditionell als das Ergebnis von Impulskontrolle (s. Lektion 19). In einer heute klassischen Studie gab das Forscherteam um den Psychologen Walter Mischel Kindern ein Marshmallow und erklärte, sie könnten dieses entweder jetzt gleich essen oder aber warten und später zwei bekommen. Einige Kinder bemühten sich, der süßen Versuchung zu widerstehen, andere gaben ihr nach.

Folgestudien zeigten, dass diese Fähigkeit zum Belohnungsaufschub mit positiven Entwicklungen im späteren Leben einhergeht. Kinder, die es schafften, auf zwei Süßigkeiten zu warten, waren später im Schnitt wohlhabender, gebildeter, weniger oft straffällig und weniger oft drogenabhängig. Allerdings ergaben weitere Forschungen, dass Selbstdisziplin nur einer der Faktoren ist, die die Chancen auf eine erfolgreiche Zukunft erhöhen.

Was, wenn Sie sich nicht sicher sind, ob die zukünftige Belohnung, die zwei Marshmallows, tatsächlich eintritt? Die Frage lautet dann nicht, ob man sich jetzt eine kleine oder später eine größere Belohnung genehmigt, sondern: Gönne ich mir jetzt etwas, das sicher ist, oder setze ich auf die *Möglichkeit*, später etwas zu bekommen?

Celeste Kidd und Kollegen modifizierten den Marshmallow-Test und bauten eine Vorstufe ein: Die kleinen Probanden erhielten zunächst Papier und abgenutzte Malstifte, und man versprach ihnen, nach einer Weile mit einem schöneren Bastelset zurückzukehren. Dann teilte man die Gruppe: Bei der einen Hälfte brachten die Forscher tatsächlich ein tolles Bastelset – das signalisierte Verlässlichkeit. Bei der anderen Hälfte kehrten die Forscher hingegen mit leeren Händen zurück, entschuldigten sich und sagten, sie hätten sich geirrt – sie erwiesen sich als unzuverlässig. Im zweiten Schritt stellte man den Kindern dann die Marshmallow-Frage.

Die Ergebnisse sind überaus aufschlussreich. Jene Kinder, die Unzuverlässigkeit erfahren hatten, warteten im Schnitt nur etwas über drei Minuten, bevor sie das Marshmallow aßen, und nur eines der 14 Kinder wartete bis zum Schluss, um die Belohnung zu bekommen. Die Kinder jedoch, die Verlässlichkeit erfahren hatten, warteten durchschnittlich ca. 12 Minuten, und neun von 14 hielten es bis zu den zwei Marshmallows aus. Das zeigt, dass Selbstkontrolle nicht der einzige relevante Faktor für die Fähigkeit zum Belohnungsaufschub ist. Das Vertrauen, dass die Forscher ihr Versprechen halten würden, hatte entscheidenden Einfluss auf das Verhalten der Kinder.

Die Antwort auf die Frage, ob der Spatz in der Hand oder die Taube auf dem Dach besser ist, hängt auch davon ab, ob Sie glauben, dass die Taube noch auf dem Dach sitzen wird, wenn Sie dort ankommen.

VERTRAUEN AUFBAUEN

Diese Erkenntnis dürfte nicht überraschen. Denken wir nur an unsere alltäglichen Handlungen: Jedes Mal, wenn wir etwas kaufen, geben wir einer fremden Person Geld. Wir vertrauen darauf, dass das Geld, das wir dem Barista geben, einen Latte Macchiato ergibt. Das Experiment zeigt, dass Vertrauen umso wichtiger wird, wenn die Gegenleistung (der Kaffee) nicht sofort, sondern für später versprochen wird.

Damit wir zukunftsorientiertes Handeln als etwas wahrnehmen, das in unserem Interesse liegt, müssen sich die Menschen, Firmen, Arbeitgeber und Regierungen, mit denen wir interagieren, unseres Vertrauens als würdig erweisen, und die Situation muss sicher genug sein, dass wir uns darauf verlassen können, dass das Versprechen einer besseren Zukunft wirklich eingehalten wird.

Hier wird auch deutlich, in welchen Teufelskreis man durch unsichere finanzielle Verhältnisse rutschen kann. Nicht genug Geld zu haben, um über die Runden zu kommen, kann Unzuverlässigkeit und Instabilität verschärfen, was wiederum kurzfristiges Denken fördert und langfristiges Planen behindert. Wer kaum die Miete aufbringen kann und von Zwangsräumung bedroht ist, wird in seinen Entscheidungen durch diese unsichere, instabile Situation beeinflusst.

In einer Zeit zunehmend ehrgeiziger Quartalsvorgaben, kurzfristiger Zielsetzungen und diskontinuierlicher politischer Zyklen hat langfristiges Planen einen schweren Stand. Dabei ist es für Geldinstitute und gerade auch für Regierungen vorrangig, Vertrauen aufzubauen und den Glauben an die Verlässlichkeit ihrer Systeme zu pflegen. Im Finanzsektor vermittelt die garantierte Sicherung von Bankeinlagen (in Deutschland bis 100.000 Euro) ein Mindestmaß an Verlässlichkeit. Darüber hinaus täten Geldinstitute gut daran, für ausreichend Transparenz zu sorgen und den Menschen das Gefühl zu geben, dass sie wirklich im Interesse ihrer Kunden arbeiten.

Auch wir selbst können uns bemühen, mehr Entscheidungen in unserem Interesse zu fällen – z. B. durch realistische Zeitfenster.

Auch wenn bei manchen Belohnungen unsicher ist, wann und in welcher Höhe sie eintreten, kann ein besseres Verständnis der wahrscheinlichen Rendite helfen, dem Zweifeln an ihrem Eintreten vorzubeugen und Durchhaltevermögen zu entwickeln.

Damit unsere Kinder, Kollegen und Familien langfristig vertrauensvoll durchs Leben gehen können, müssen wir ein verlässliches Umfeld schaffen, in dem Versprechen gehalten werden.

WIE SIE IHRE FINAN

WERDEN ZUKUNFT ZIEREN?

WARUM FÄLLT ES SO SCHWER, SICH AUF DIE ZUKUNFT VORZUBEREITEN?

Wenn Sie schon einmal den Yoga-Kurs geschwänzt haben, um sich auf dem Sofa mit einem Glas Wein durch ein mieses TV-Programm zu zappen, werden Sie mir beipflichten, dass wir zwar wissen, dass wir nach körperlicher Gesundheit streben *sollten*, es uns aber nicht immer gelingt, uns davon zu überzeugen, dass wir die nötigen Schritte, um dieses Ziel zu erreichen, auch gehen *wollen*. Mit dem finanziellen Wohlbefinden verhält es sich ähnlich: Meist erfordert es sofortige Opfer, um unbekannte Vorteile in der Zukunft zu bekommen.

Vielleicht erscheint es deshalb so wenig reizvoll, die Zukunft zu planen. Den Menschen ist „jetzt" wichtiger als „später". Die Zukunft auf finanziell gesunde Beine zu stellen, erfordert aber *jetzt* Opfer, kostet *jetzt* den Aufwand, einen Plan zu entwerfen, verlangt *heute* weniger Ausgaben, um später komfortabel leben zu können.

Wenn wir noch jung sind, liegen die meisten wichtigen finanziellen Meilensteine in der Zukunft, und wir sind voller Fragen: Wie wird die Welt sein? Was für Ausgaben werde ich haben? Wer wird von mir finanziell abhängig sein? Wo werde ich leben? Wann werde ich aufhören zu arbeiten? Werde ich meinen Lebensabend genießen können?

Irgendwie fühlt es sich an, als würde das nicht wirklich *mir* passieren, sondern einer älteren, zukünftigen Version meiner selbst. Dass Ereignisse wie der Kauf eines Hauses oder die Rente sich in allen Dimensionen so weit weg anfühlen können – zeitlich (es liegt in der Zukunft), sozial (es passiert meinem künftigen Ich) und hypothetisch (die Folgen sind ungewiss) –, hilft zu verstehen, warum die Planung so schwerfallen kann.

Wenn Ereignisse eine große psychologische Distanz aufweisen, sind unsere Vorstellungen davon eher unscharf und abstrakt, und je abstrakter das Ereignis, desto weniger drängt es uns zu handeln.

Von psychologisch nahen Ereignissen – etwas, das hier und jetzt passiert – haben wir hingegen konkretere, detailliertere Vorstellungen, und diese konkrete Interpretation des Ereignisses veranlasst uns eher, Pläne zu schmieden und diese auch umzusetzen.

Wir wägen die ganze Zeit Kosten und Nutzen ab. Im Falle der Zukunftsplanung führt die Tatsache, dass die Kosten für die Finanzierung unseres künftigen Lebens zwar klar sind und sofort anfallen, aber die Erträge in der Zukunft liegen und ungewiss sind, dazu, dass wir zur Untätigkeit neigen.

Wenn Ereignisse eine große psychologische Distanz aufweisen, sind unsere Vorstellungen davon eher unscharf und abstrakt.

Von psychologisch nahen Ereignissen haben wir konkretere, detailliertere Vorstellungen.

DIE VERBINDUNG ZUM ZUKÜNFTIGEN ICH

Die Construal Level Theory (CLT) beschreibt genau dieses Phänomen: Psychologisch entfernte Ereignisse werden eher abstrakt repräsentiert und erscheinen uns weniger zwingend. Um eine größere Bereitschaft zu empfinden, uns finanziell auf die Zukunft vorzubereiten, müssen wir das Entfernte daher ins Hier und Jetzt holen!

Indem wir uns unsere potenzielle Zukunft deutlicher und anschaulicher vorstellen, können wir die Empathielücke zwischen unserem aktuellen und dem zukünftigen Ich schließen. Hal Hershfield und Kollegen baten Studienteilnehmer anzugeben, wie viel sie für ihre Altersvorsorge ausgeben würden, indem sie einen Schieberegler am Computerbildschirm bewegten. Wenn die Person den Regler betätigte, wurde ein Foto von ihr eingeblendet, das je nach Höhe des Betrags lächelte oder die Stirn runzelte.

Bei der Hälfte der Probanden lächelte das Bild bei geringen Beträgen, weil sie dann in der Gegenwart mehr Geld zur Verfügung hatten. Bei der anderen Hälfte wurde das Foto digital so bearbeitet, dass es wie das 65-jährige Ich der Person aussah, und es lächelte bei hohen Beträgen. Die Forscher fanden heraus, dass Personen, die ihr gealtertes Ich sahen, bedeutend mehr Geld für die Altersvorsorge ausgaben als jene, die ein aktuelles Bild von sich sahen.

Eine Folgestudie untersuchte den Einfluss der Wahrnehmung des zukünftigen Ichs auf Entscheidungen hinsichtlich der Rentenbeiträge. Es zeigte sich: Jemand, der sich mit seinem künftigen Ich verbunden fühlt und an seine moralische Pflicht, für es zu sorgen, erinnert wird, spart tendenziell mehr Geld an, als wenn er lediglich an die Auswirkungen auf sein künftiges Wohlbefinden erinnert wird. Bei Personen, die diese Verbindung nicht spürten, führte die moralische Komponente nicht zu signifikanten Unterschieden.

Es gilt also, Kontakt zum künftigen Ich aufzunehmen (z. B. durch ein gealtertes Selfie, einen Brief an sich selbst, eine Visualisierung künftiger Anschaffungen) und sich klarzumachen, dass man für das Wohlergehen dieser Person verantwortlich ist. Verhaltensforscher Dan Ariely und sein Co-Autor Jeff Kreisler resümierten: „Je lebendiger, detaillierter und klarer wir uns die Zukunft ausmalen […], desto eher werden wir uns mit unserem künftigen Ich verbinden, für es sorgen und in seinem Interesse handeln."

BEREIT FÜR DEN RUHESTAND?

Zugegeben: Das Thema finanzielle Planung für den Ruhestand klingt unendlich langweilig. Aber irgendwie ist es auch spannend, denn obwohl es um so viel geht, scheinen viele von uns höchst unmotiviert, sich darum zu kümmern. Oberflächlich betrachtet ist Rentenplanung nicht schwer: Wir alle wissen, dass es in unserem Interesse liegt, Altersvorsorge zu betreiben. Trotzdem stellen nur wenige einen Plan auf, und noch weniger halten sich daran. Warum?

In extremen Fällen haben die Leute schlicht nicht genug Geld, um etwas für die Rente zurückzulegen. Doch viele Menschen verfügen über den nötigen finanziellen Spielraum und sorgen erstaunlicherweise trotzdem nicht vor.

Die Forscherinnen Annamaria Lusardi und Olivia Mitchell fanden heraus, dass nur 31 % der von ihnen befragten Amerikaner überhaupt *versucht* hatten, einen Rentenplan zu erstellen. Bei Personen, die sich mit Dingen wie Inflation, Zinsen und finanziellen Risiken nicht auskannten, war die Wahrscheinlichkeit, es zu versuchen, geringer als bei Leuten mit Finanzwissen.

Von diesen 31 % stellten nur ca. zwei Drittel einen Plan auf, und noch weniger hielten sich daran. Insgesamt verfolgte nur eine von fünf Personen erfolgreich einen Plan.

Es gibt viele Gründe, warum allein der Gedanke an das Aufstellen eines Plans schwierig sein kann. In Lektion 15 haben wir gesehen, dass psychologisch entfernte Dinge uns weniger zum Handeln motivieren. Altersvorsorge fühlt sich in vielerlei Hinsicht entfernt an. Außerdem ist Finanzwissen rar gesät, und die Erträge fließen erst in der Zukunft, an mein „künftiges Ich"– schwer

vorstellbar. Kein Wunder, dass Nichtstun so verlockend ist!

Selbst wenn Sie die Energie aufbringen, einen Rentenplan aufzustellen, kann es schwerfallen, ihn einzuhalten. Unerwartete Ausgaben können all die löblichen Absichten zunichtemachen. Zudem erfordert Sparen ein gewisses Maß an Selbstkontrolle, wir verzichten heute aufs Geldausgeben zugunsten eines nicht garantierten künftigen Vorteils. Sich von Monat zu Monat zu schleppen, um für die Rente zu sparen, wäre ermüdend und würde jedem die Willenskraft rauben.

MÖGLICHKEITEN NUTZEN

Doch wir müssen gar nicht allein auf unsere Willenskraft setzen: Man kann den Vorgang des Sparens so gestalten, dass wir nicht so viel Energie dafür aufwenden müssen.

Manche Länder erleichtern die Altersvorsorge, indem sie verpflichtende Pensionspläne vorschreiben. Nicht nur Deutschland verfügt über eine gesetzliche Rentenversicherung (der Beitragssatz liegt aktuell bei 18,6 %), auch in Australien müssen Angestellte 9,5 % ihres Gehalts in die Rentenkasse einzahlen.

In Großbritannien gibt es eine sehr niedrige staatliche Minimalrente und zusätzlich eine verpflichtende betriebliche Rentenversicherung. Jedes Unternehmen muss eine Altersvorsorge anbieten, jeder Arbeitnehmer nimmt automatisch am Programm teil – es sei denn, er wählt die Opt-out-Option. Der entscheidende Fortschritt bestand darin, dass kein Aufwand betrieben werden muss, um im Rentenplan zu bleiben, sondern nur, wenn man *kein* Geld für die Rente ansparen möchte.

Solche gesetzlichen Regelungen reduzieren, wenigstens zum Teil, die Abhängigkeit von Finanz- und Rechenkenntnissen – ein Arbeitnehmer muss weder Mathe-Crack noch Finanzgenie sein, um fürs Alter vorzusorgen, alle haben ähnlich gute Chancen, effektiv Geld anzusparen.

Diese Ansätze tragen erwiesenermaßen dazu bei, dass mehr Menschen anfangen, in ihren Ruhestand zu investieren; dennoch gibt es einen Vorbehalt: Der effektive prozentuale Anteil, der am besten zu Ihrer Situation passt, unterscheidet sich möglicherweise vom Standardsatz. Bevor Sie sich also auf die Schulter klopfen, weil Sie etwas für Ihre Zukunft tun, prüfen Sie, ob Ihr Budget vielleicht noch eine zusätzliche monatliche Zahlung verkraften würde.

Eine der Schwierigkeiten besteht darin, dass es so gut wie keine Möglichkeit gibt herauszufinden, ob Sie die richtigen Entscheidungen getroffen haben. Einige der größten, weitreichendsten Ereignisse in unserem Leben treten nur ein Mal, vielleicht wenige Male, vielleicht nie ein: Hauskauf, schulische und Berufsausbildung, Heirat und Rente. Bis wir herausgefunden haben, ob wir suboptimal entschieden haben, ist es für Nachbesserungen vielleicht zu spät. Jeder muss das für sich selbst einschätzen, aber da so viele von uns schlecht vorbereitet sind und angesichts unserer Fähigkeit, uns an aktuelle Gegebenheiten anzupassen, sollten wir einfach auf Nummer sicher gehen und so viel wie möglich fürs Alter vorsorgen.

Mit jeder Gehaltserhöhung zahlen Angestellte dank des festen Beitragssatzes automatisch mehr in die Rentenkasse ein. Freiberufler und Selbstständige, die sich selbst um ihre Altersvorsorge kümmern müssen, sollten bei steigendem Einkommen ebenfalls die Beiträge für das von ihnen gewählte Modell erhöhen. Der Mensch erleidet nicht gern Verluste, aber Geld, das er noch gar nicht zur Verfügung hatte, kann er nicht vermissen – man verzichtet ja lediglich auf einen Teil des Zugewinns und hat trotzdem mehr Geld in der Tasche als vor der Einkommenssteigerung. Das mindert das Gefühl, große Opfer für die Zukunft erbringen zu müssen.

TOOLKIT

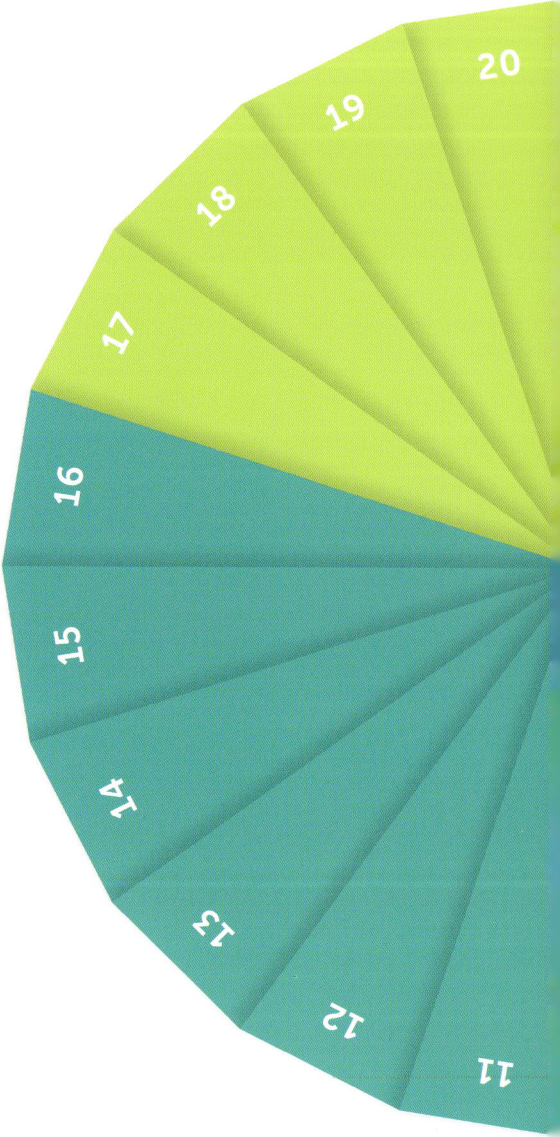

13

Es ist so gut wie sicher, dass Sie nicht im Lotto gewinnen werden, die Gewinnchancen werden im Allgemeinen überschätzt. Aber vielleicht werden die Kosten für das Lotterielos ja aufgewogen – weil es Spaß macht, von einem besseren Leben zu träumen, oder weil Sie sich dann nicht ärgern müssen, wenn Ihre Zahlen doch gewinnen.

14

Eine kurzsichtige Denkweise ist problematisch für das finanzielle Wohlbefinden. Damit ist nicht nur das Verlangen nach sofortiger Bedürfnisbefriedigung oder fehlende Selbstkontrolle gemeint, sondern auch die Erwartungen an die Zukunft: Warum eine Belohnung auf später verschieben, wenn die Möglichkeit besteht, dass dieses „Später" nie eintreten wird? Die Beständigkeit einer Situation und wie sehr wir anderen (Menschen, Institutionen) vertrauen, hat großen Einfluss auf die Entwicklung eines zukunftsorientierten Verhaltens, das dazu beiträgt, langfristig bessere Ergebnisse zu erzielen.

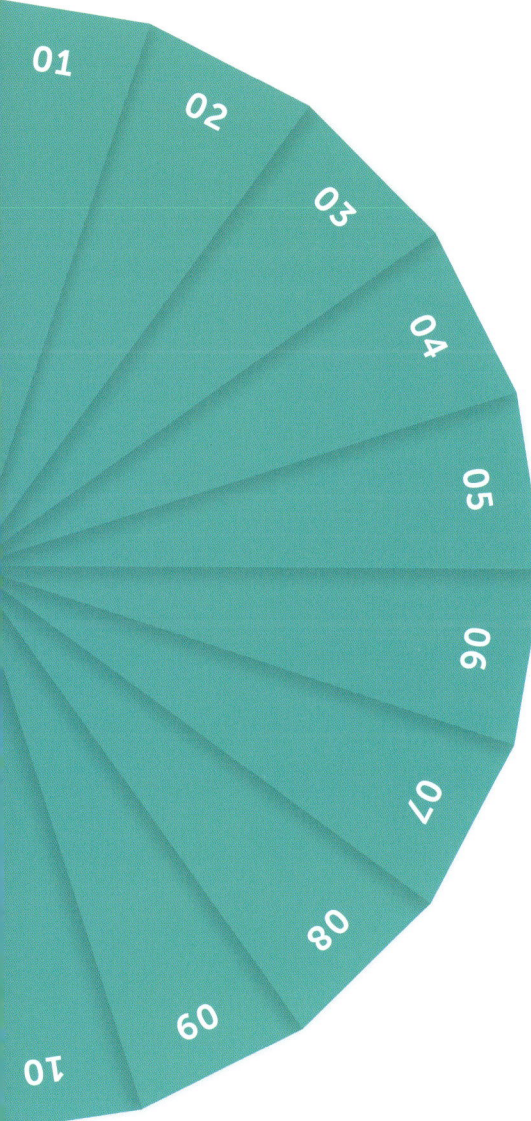

01
02
03
04
05
06
07
08
09
10

15

Die Rente und unsere Zukunft im Allgemeinen liegen psychologisch in weiter Ferne.
Gleichzeitig fühlen sich die erforderlichen
Opfer zur finanziellen Absicherung unserer
Zukunft psychologisch nah an. Dieses
Missverhältnis – Kosten im Hier und Jetzt
vs. unklarer Nutzen in der Zukunft – dämpft
unsere Motivation, einen Plan aufzustellen.
Wir können die Motivation steigern, indem
wir künftige, unklare Vorteile in unmittelbare,
klare Vorteile verwandeln. Dazu müssen
wir Kontakt zu unserem „zukünftigen Ich"
aufnehmen.

16

Nur ein Teil der Menschen ist finanziell
ausreichend auf den Ruhestand vorbereitet.
Durch unsere Neigung, uns lieber mit der
Gegenwart zu beschäftigen, fällt es uns
schwer, jetzt zu sparen und Beiträge zu
bezahlen, um später eine auskömmliche
Rente zu beziehen. Staatliche Rentensysteme
und Pflichtversicherungen können helfen,
dieses Widerstreben zu überwinden.
Manche Arbeitgeber sorgen mit einer
eigenen Betriebsrente für ihre Angestellten
und reduzieren so die Last, selbst Vorsorge
betreiben zu müssen. Wer über genügend
finanziellen Spielraum verfügt, sollte diesen
auf jeden Fall für die Altersvorsorge nutzen!

ZUR VERTIEFUNG

LESEN

Nudge. Wie man kluge Entscheidungen anstößt
Richard Thaler und Cass Sunstein
(Ullstein, 2011)

Misbehaving: Was uns die Verhaltensökonomik über unsere Entscheidungen verrät
Richard Thaler (Siedler, 2018)

ANSCHAUEN

The battle between your present and future self
Daniel Goldstein
TED Talk

We tested an economic theory by trying to buy people's Powerball tickets for much more than they paid
Business-Insider überprüfen die Theorie der Reueaversion am Beispiel von Lotteriescheinbesitzern.
businessinsider.com.au

ERFORSCHEN

The Marshmallow Study Revisited
Erfahren Sie mehr über Celeste Kidds erweiterten Marshmallow-Test in diesem Interview mit den Forscherinnen und Forschern.
rochester.edu/news

TUN

(Digital) Altern leicht gemacht!
Laden Sie sich eine App herunter, mit der man Fotos entsprechend bearbeiten kann. Eine gealterte Version Ihrer selbst zu sehen, kann helfen, Empathie für Ihr künftiges Ich zu entwickeln.

KLUG ENTSCHEIDEN

LEKTIONEN

17 KÖNNEN SIE MITHALTEN?
Der Druck der hedonistischen Tretmühle.

18 ZIELE SETZEN
Das große Ganze im Blick behalten.

19 WILLENSKRAFT
Selbstkontrolle entwickeln.

20 MEHR FREUDE DURCH GELDAUSGEBEN
Geld ausgeben – aber richtig.

Wir wissen natürlich, dass Geld allein nicht glücklich macht, aber es eröffnet Möglichkeiten, wertvolle Erfahrungen zu sammeln.

In den vorangegangenen drei Kapiteln haben wir die wichtigsten Voraussetzungen für finanzielles Wohlbefinden kennengelernt: genug Geld haben, um die Grundbedürfnisse befriedigen zu können; einen Puffer aufbauen, um gegen Zwischenfälle gewappnet zu sein, und über das Heute hinausdenken, um langfristig zu planen.

Leichter gesagt als getan! Deswegen geht es in diesem Kapitel darum, wie man Ziele so setzt, dass sie erreichbar sind. Wir untersuchen die Rolle der Willenskraft und Techniken, die uns helfen, am Ball zu bleiben.

Mit so vielen guten Absichten und neuen Strategien fühlt es sich so an, als könne nichts mehr schiefgehen. Was passiert, wenn wir tatsächlich anfangen, finanzielles Wohlbefinden zu entwickeln? An einen veränderten Lebensstil gewöhnen wir uns rasch. Es geht nicht darum, immer reicher zu werden. Wir schaffen finanzielle Sicherheit,

weil Geld uns Möglichkeiten eröffnet, die uns sonst verwehrt blieben.

Ein finanzielles Polster verhindert nicht nur, dass wir in Notfällen einen teuren Kredit aufnehmen müssen, sondern ermöglicht auch, Träume jenseits der Grundbedürfnisse zu verwirklichen. Es erlaubt uns berufliche Weiterbildung, Neuorientierung oder die Verwirklichung einer lange gehegten Geschäftsidee. Wenn wir uns um Geld keine Sorgen machen müssen, lassen sich auch andere Lebensbereiche leichter managen.

Finanzielles Wohlbefinden erlangt man nicht allein durch Knausern und Geizen. Was also tun an einem Ort, wo Geldausgeben sich gut anfühlt? Wir wissen natürlich, dass Geld allein nicht glücklich macht, aber es eröffnet Möglichkeiten, wertvolle Erfahrungen zu sammeln. Daher handelt dieses Kapitel auch von den Freuden des Geldausgebens. Schließlich gilt es, das Leben zu genießen!

KÖNNEN SIE MITHALTEN?

Wir Menschen sind verdammt zäh und anpassungsfähig obendrein. Das kann sehr nützlich sein, wenn uns etwas Negatives zustößt, aber wenn wir darauf hoffen, dass etwas Positives uns glücklich macht, kann unsere Anpassungsfähigkeit dazu führen, dass wir immer mehr wollen.

Wenn wir uns an neue Bedingungen gewöhnt haben, verändert sich unser Bezugspunkt. Eine Rückkehr zum ursprünglichen Konsumniveau würde sich wie ein Verlust anfühlen, und der Mensch kann Verluste nicht leiden. Tatsächlich empfinden wir den Schmerz eines Verlustes stärker als die Freude über einen ähnlich großen Gewinn. Dieses Phänomen bezeichnet man als Verlustaversion.

Nehmen wir an, Sie haben sich bislang einmal im Jahr eine Tüte Eis gegönnt. Ihr Bezugspunkt liegt bei null, und Ihre jährliche Tüte Eis macht Sie glücklich. Dann eröffnet direkt nebenan eine Eisdiele. Ihr Eiskonsum steigt rasant an auf eine Tüte am Tag. Anfangs ist es herrlich, aber dann wird es normal, und ein Tag ohne Eis fühlt sich wie ein verlorener Tag an. Weil eine Kugel Eis jetzt Normalität ist, kaufen Sie zwei Kugeln, wenn Sie sich belohnen wollen. Und sobald Sie sich an die zwei Kugeln gewöhnt haben, brauchen Sie Sahne und bunte Streusel, damit aus dem Eis etwas Besonderes wird. Und so geht es weiter ...

Hedonistische Tretmühle

Das Problem ist ein endloses Streben nach Mehr, nur um den Glückslevel aufrechtzuerhalten, an den wir uns gewöhnt haben. Psychologen sprechen in dem Fall von einer hedonistischen Tretmühle. Das bedeutet, dass das Kaufen von Dingen langfristig nicht so glücklich macht wie erwartet.

Wir vergleichen uns gerne mit jenen, die finanziell scheinbar besser dastehen als wir. Dieser Aufwärtsvergleich führt zu einem „positionalen Wettrüsten": Wir häufen Besitztümer an, um unsere Position im Vergleich zu Freunden und Nachbarn zu erhöhen, woraufhin dann diese mehr Güter kaufen, um das Verhältnis zu uns wieder zu ihrem Vorteil zu ändern. Der Ökonom Robert Frank erklärt, dass eine Person sich zwar auf der individuellen Ebene besser fühlen kann, wenn sie ein teureres Auto hat als der Nachbar, weil sie einen höheren unausgesprochenen sozialen Status erreicht, aber auf gesellschaftlicher Ebene ist es ein Nullsummenspiel: Wenn eine Person eine andere aussticht, um einen höheren Status zu erlangen, rutscht automatisch jemand in der Rangordnung nach unten – die Gesellschaft wird also insgesamt nicht glücklicher.

Wie anfällig jemand für die hedonistische Tretmühle ist, unterscheidet sich je nach Ereignis und Temperament. Manchmal findet statt einer Anpassung eine Sensibilisierung statt, d. h., das Glücksgefühl beziehungsweise der Schmerz ebbt nicht ab, sondern steigert sich.

Es geht hier nicht darum, eine mathematische Formel dafür zu finden, wann und wo der hedonistische Kick durch einen Kauf nachlassen wird, sondern zu betonen, dass das Glück, das Sie beim Kaufen empfinden, vermutlich am Anfang am größten ist. Die Wahrscheinlichkeit ist hoch, dass es nach dem Kauf schwächer wird, weil sich Ihr Bezugspunkt ändert. Da kann man sich fragen, ob sich der Kauf überhaupt lohnt. Aber trösten Sie sich: Sie sind nicht allein! Viele von uns sitzen in der hedonistischen Tretmühle fest: Wir rennen und kommen nicht vom Fleck.

MAN GEWÖHNT SICH AN (FAST) ALLES

Das Tretmühlen-Phänomen unterstreicht, dass sich das Wie und Warum unseres Verhaltens auf unseren Bezug zu Geld auswirkt. Wenn die hedonistische Tretmühle bedeutet, dass wir pausenlos nach Mehr streben, um unsere aufwärts gerichtete Anpassung zu befeuern, dann haben wir noch viel zu lernen.

Wird es leichter werden?

Sie könnten versucht sein, bestimmte finanzielle Aufgaben – Schulden tilgen, fürs Alter vorsorgen, ein Finanzpolster ansparen – aufzuschieben in der Hoffnung, dass es später, wenn Sie vielleicht mehr Geld verdienen, leichter wird, sich darum zu kümmern. Aber das kann Sie in eine gefährliche Lage bringen. Erstens gibt es keine Garantie, dass Sie später besser verdienen. Und selbst wenn Sie zu einem ungewissen Zeitpunkt mehr Geld besitzen, haben Sie sich dann bereits an diesen höheren Lebensstandard gewöhnt, und das Sparen wird Ihnen ähnlich schwerfallen wie früher.

Realistische Erwartungen

Wenn wir in der Tretmühle stecken, müssen wir, um einen gewissen Glückslevel aufrechtzuerhalten, im Lauf der Zeit unsere Rahmenbedingungen verbessern. Das kann auf verschiedene Weise geschehen, nicht nur materiell. Aber wenn Sie materielle Verbesserungen wollen, sollten diese in die langfristige Planung einberechnet werden.

Die Tretmühle ausbremsen

Eine andere Möglichkeit wäre, aus der Tretmühle auszusteigen oder sie wenigstens zu verlangsamen. Das gelingt, indem wir uns für Dinge oder Erlebnisse entscheiden, an die wir uns nicht so leicht gewöhnen. Neuartigkeit und Vielseitigkeit scheinen den Anpassungsprozess ebenso zu verlangsamen wie die Vergrößerung des zeitlichen Abstands zwischen Wiederholungen. Die tägliche Tüte Eis ist banal; wenn wir nur einmal im Monat Eis essen, wird es zu etwas Besonderem.

Was macht also *wirklich* dauerhaft glücklich? Hunderte von Büchern, Webseiten und Organisationen widmen sich dieser Frage. Sozialkontakte pflegen, häufiger Sport treiben, erfüllte Naturbegegnungen erleben und einen Sinn im Leben zu sehen, werden immer wieder genannt.

Finanziell gut dazustehen, bedeutet nicht, dass diese Strategien sich von selbst verwirklichen. Aber mit einem besseren finanziellen Wohlbefinden können wir uns leichter darauf konzentrieren, diese Strategien in unser Leben zu integrieren.

Viele von uns stecken in der hedonistischen Tretmühle fest: Wir rennen und kommen nicht vom Fleck.

ZIELE SETZEN

Vielleicht träumen Sie von einer Yacht, wollen mit 50 in Rente oder einfach nur das Monatsende erreichen, ohne Ihr Konto zu überziehen. Finanzielle Ziele haben die meisten von uns, aber sie sind in ihrer Art, in Umfang und Detailliertheit – sogar in unserer Vorstellung – individuell sehr verschieden.

Wenn wir uns konkrete, eher schwierige Ziele setzen, kommen wir wahrscheinlich weiter als mit dem vagen Vorsatz, unser Bestes zu geben. Wie stark wir uns einem bestimmten Ziel verpflichtet fühlen, hängt von dem Wert ab, den wir ihm beimessen, und von der Erreichbarkeit des Zieles.

Auf das Beispiel mit der Rente übertragen, könnten wir das Ziel konkretisieren, indem wir uns vornehmen, pro Jahr 1.000 Euro einzubezahlen. Der Wert, den das Ziel für uns hat, ergibt sich aus dem Anreiz, der täglichen Plackerei zu entkommen und sich der Holzschnitzerei widmen zu können.

Die Erreichbarkeit eines Zieles hängt vom Schwierigkeitsgrad ab: Ist es zu leicht, erscheint es langweilig; ist es zu schwierig, jagt es uns Angst ein. Auch unsere Selbstwirksamkeit spielt eine Rolle, d. h. der Glaube, dass wir umsetzen können, was wir uns vorgenommen haben.

Indem wir sicherstellen, dass das Ziel zeitlich gebunden ist, vermeiden wir, in Prokrastination und Trägheit abzugleiten. Ebenso wichtig ist es, ein Feedback über das Vorankommen zu erhalten, denn wie sollen wir unseren Kurs korrigieren, wenn wir nicht wissen, ob wir auf dem rechten Weg sind?

Nun könnte man versucht sein, sich eine ganze Reihe von Zielen zu setzen. Aber der Verhaltenswissenschaftler Professor Dilip Soman von der University of Toronto fand mithilfe seiner Kollegen heraus, dass es besser ist, ein einziges, klares Ziel zu verfolgen. Das liegt daran, dass wir zuerst über das Ziel selbst nachdenken müssen und dann überlegen, wie genau wir es erreichen können. Wenn z. B. das Ziel lautet, 400 Euro für eine Reise nach Paris zu sparen, könnten wir in der Mittagspause mitgebrachtes Essen verzehren, statt auswärts zu speisen. Wenn wir uns aber mehrere Ziele setzen, kann das dazu führen, dass wir so viel geistige Kapazitäten in die Abwägung investieren, welches Ziel vorrangig ist (für den Urlaub sparen, für die Rente oder für ein neues Auto), dass wir nicht mehr dazu kommen, uns Gedanken darüber zu machen, wie wir das Geld effektiv zusammenbekommen.

FRAGEN SIE GOLDLÖCKCHEN!

Um das umzusetzen, setzt man sich am besten ein finanzielles Ziel, das – in Anlehnung an das Märchen von Goldlöckchen und den drei Bären – „gerade richtig" ist.

Unsere finanziellen Ziele sollten also konkret sein, jedoch nicht so weit ins Detail gehen, dass sich alle möglichen komplex gestaffelten Unterziele auftun. Sie sollten anspruchsvoll genug sein, dass sie der Mühe wert sind, aber nicht so schwierig, dass sie unerreichbar scheinen. Wir sollten ein Feedback bekommen können, das uns anspornt, aber nicht jeden Fehler zur Katastrophe aufbauscht.

Wir setzen uns also ein Ziel, das „gerade richtig" ist, weder zu einfach noch zu schwer. Während wir darauf hinarbeiten, empfehlen Forscher auf folgende Faktoren zu achten:

Risikobereitschaft kontrollieren

Unser Ziel kann unseren Bezugspunkt verändern: Statt über unser jetziges Leben nachzudenken, stellen wir uns vielleicht vor, wie es sein wird, nachdem wir das Ziel erreicht haben. In diesem Fall kann es sich anfühlen, als bewegten wir uns ständig im „Verlustbereich", d. h., wir haben das Gefühl hinterherzuhinken und versuchen permanent, das Ziel zu erreichen. Menschen, die sich im Verlustbereich befinden, neigen dazu, mehr Risiken einzugehen. Achten Sie daher darauf, ob Sie risikobereiter sind als gewöhnlich und ob bzw. inwieweit Sie sich dabei noch wohlfühlen.

Zielgerichtet handeln

Die Psychologen Ayelet Fishbach und Ravi Dhar erklären, dass die Art, wie Menschen ihr auf das Ziel ausgerichtetes Handeln interpretieren, das spätere Verhalten beeinflusst. Wenn sie das Gefühl haben, durch ihr Handeln voranzukommen, kann dies dazu führen, dass sie sich nicht mehr richtig anstrengen und dadurch vom Kurs abkommen. Daher sollten Sie Ihr Handeln weniger am Fortschritt, sondern enger am eigentlichen Ziel ausrichten als Stärkung Ihres ursprünglichen Einsatzes für das Ziel.

Das große Ganze sehen

Manchmal ist man so sehr in einem Ziel gefangen, dass man das große Ganze aus dem Blick verliert. Wenn Sie sich z. B. voll darauf konzentrieren, 100 Euro pro Monat zu sparen, könnten Sie angesichts einer ungeplanten Ausgabe auf die Idee kommen, einen Kurzkredit aufzunehmen, obwohl die Ersparnisse ausreichen würden – ein teurer Spaß, wenn Sie die Kreditkosten mit den niedrigen Sparzinsen vergleichen!

Was kann uns sonst noch dabei helfen, es „gerade richtig" zu machen? Wir alle kennen die Ernüchterung, wenn all die guten Vorsätze fürs neue Jahr sich schon am Valentinstag in Luft aufgelöst haben. In der nächsten Lektion geht es daher um Techniken, die uns helfen, an unseren neuen, wichtigen, konkreten finanziellen Zielen festzuhalten.

ES GEHT UMS MAN MUSS AUCH GUT KÖNNEN.

NICHT NUR SPAREN: GELD AUSGEBEN

WILLENSKRAFT

Das Konzept Willenskraft ist ebenso alltäglich wie außerordentlich. Wenn es um Geld geht, ist klar, welche Rolle die Willenskraft spielt. Jeder von uns kennt den Punkt, an dem er den letzten Rest Selbstkontrolle aufbringen muss, um Impulsen und Versuchungen zu widerstehen. Worin die Verlockung besteht, ist von Person zu Person verschieden und hängt von der aktuellen Finanzlage ab.

Wer eher der verschwenderische Typ ist, empfindet es als Herausforderung, unnötige Ausgaben zu vermeiden. Andere müssen Willenskraft aufwenden, um weder zum Vogel Strauß (die aktuelle Finanzlage geflissentlich ignorieren) noch zum Erdmännchen (pausenlos die Performance checken) zu mutieren. Willenskraft ist nötig, um sich hinzusetzen und einen Finanzplan aufzustellen, obwohl man etwas Angenehmeres tun könnte, aber auch, um sich langfristig daran zu halten. Und grundsätzlich braucht es in Abwesenheit anderer intrinsischer Motivation auch Willenskraft, um arbeiten zu gehen und Geld zu verdienen.

Wie können wir Willenskraft stärken? Manche Forscher vergleichen sie mit einem Muskel, den es zu trainieren gelte, um allzu raschen Ermüdungserscheinungen vorzubeugen. Andere, wie die Psychologin Carol Dweck und ihre Kollegen, fanden heraus, dass die Fähigkeit, die eigene Willenskraft zu stärken, davon abhängt, was die Person *glaubt*: Wer annimmt, dass das Aufbringen von Willenskraft hilft, diese zu steigern, schneidet in Selbstkontrolle-Tests nicht schlechter ab als vorher. Wer aber glaubt, dass mit jedem Willensakt der Willenskraft-Vorrat schwindet, schneidet im Test schlechter ab.

Obwohl dieses Feld seit mehr als 50 Jahren von vielen bekannten Psychologen erforscht wird, gibt es noch viele offene Fragen. Zu viel Willenskraft im Leben kann anstrengend sein, aber wenn wir zu wenig haben, fühlen wir uns hilflos den Umständen ausgeliefert. Indem wir unsere Fähigkeit zur Selbstkontrolle ausbauen, wird die Willenskraft zum Werkzeug, das wir nach Belieben einsetzen können.

Gut trainierte Willenskraft

ist ein effektives Werkzeug

**zum besseren Umgang
mit den Finanzen.**

WILLENSKRAFT KANN MAN TRAINIEREN

Um möglichst effektiv mit Willenskraft zu arbeiten, empfiehlt es sich, ein Umfeld mit möglichst wenigen Verlockungen zu schaffen, um nicht in erster Linie auf Willenskraft angewiesen zu sein. Sie können z. B. den Zugriff auf Ihr Sparkonto einschränken und/oder einen Dauerauftrag einrichten, um nach dem Gehaltseingang einen Betrag aufs Sparkonto zu überweisen.

Aber natürlich werden Sie immer wieder mit einer neuen oder unkontrollierbaren Umgebung konfrontiert sein. In diesen Fällen helfen bestimmte Strategien.

Nutzen Sie den Trigger!

Wenn-Dann-Pläne helfen, eine verlockende Situation zu antizipieren und im Vorfeld Auswege zu ersinnen. Solche Strategien zur Selbstregulierung, sogenannte „Implementation Intentions", nutzen die Trigger der Versuchung und liefern alternative Handlungsverläufe. Wir treffen eine Aussage, wie wir in einer verlockenden Situation reagieren, um an unserem Ziel festzuhalten, z. B. „Wenn ich sehe, dass ein Laden 20 % Rabatt anbietet, erinnere ich mich daran, dass ich keine Kleidung benötige, und wechsle die Straßenseite (oder schließe das Browser-Fenster)."

Versuchung und Belohnung verknüpfen

Willenskraft ist häufig dann nötig, wenn der Nutzen einer Handlung erst verzögert eintritt. Eine zukünftige Belohnung ist weniger reizvoll als eine sofortige. Eine mögliche Strategie ist daher, die Belohnung vorzuziehen. Heben Sie sich Ihre Lieblingssüßigkeit für den Moment auf, in dem Sie z. B. Ihren Kreditkartensaldo überweisen. So wird etwas, das schwerfällt, mit einer unmittelbaren Belohnung verknüpft.

Sehen heißt glauben

Gratulieren Sie sich zur Stärkung Ihrer Willenskraft, jedes Mal, wenn Sie sie benutzen. Wenn es so ist, dass unsere Willenskraft sich mehrt, wenn wir daran glauben, dass sie es tut, dann ist auch jeder anerkennende Gedanke an sie förderlich.

Zeigen Sie Dankbarkeit!

Laut Psychologieprofessor David DeSteno wirken sich Dankbarkeit und Mitgefühl positiv auf die Willenskraft aus: „Wenn Sie diese Emotionen empfinden, ist Selbstkontrolle kein Kampf mehr, denn sie wirken nicht, indem sie unseren Wunsch nach Vergnügen im Jetzt zum Schweigen bringen, sondern sie steigern unsere Wertschätzung der Zukunft."

Heiß und kalt

Mehr Selbstkontrolle erlangen wir laut Walter Mischel, indem wir „das ‚Jetzt' abkühlen und das ‚Später' erhitzen", d. h., psychologische Distanz zwischen uns und die unmittelbare Verlockung bringen und zugleich die zukünftige Belohnung attraktiver machen. Beim „Abkühlen" kann es helfen, die unmittelbare Belohnung abstrakter wirken zu lassen. Um das Später zu „erhitzen", stellt man sich das gedankliche Ziel lebhaft vor, sodass die Zukunft psychologisch näher rückt.

Künftiger Nutzen

Aktueller Nutzen

135

MEHR FREUDE DURCH GELDAUSGEBEN

In diesem Buch wird immer wieder betont, dass Geld allein nicht glücklich macht. Aber es eröffnet uns Möglichkeiten. Man könnte meinen, dass wir alle wissen, wie man Geld ausgibt – aber wissen wir auch, wie man es *gut* ausgibt? Die Forschung weist mehrere Wege auf, wie wir unser Geld so einsetzen können, dass es uns froh macht. Dabei kommt es nicht darauf an, wie viel Sie ausgeben, sondern *wie* Sie es ausgeben.

Für andere statt für sich selbst

Wenn Sie auf der Straße Geld finden, macht es Sie vielleicht glücklicher, wenn Sie es für andere ausgeben. Die Psychologin Elizabeth Dunn und Kollegen gaben den Teilnehmern ihrer Studie entweder 5 oder 20 Dollar. Die eine Hälfte sollte mit dem Geld etwas für sich selbst kaufen, die anderen etwas für eine andere Person. Als die Studienteilnehmer später nach ihren Gefühlen gefragt wurden, war der Geldbetrag weniger relevant als die Frage, für wen sie das Geld ausgegeben hatten. Letztere war die glücklichere Gruppe.

Es scheint außerdem wichtig zu sein, für wen genau wir etwas kaufen. Lara Aknin und andere fanden heraus, dass es uns glücklicher macht, für enge Freunde und Familie Geld auszugeben als für Bekannte. Wir fühlen uns wohl, weil wir anderen etwas Gutes getan haben. Wenn Sie ein Geschenk erhalten, erzählen Sie dem Spender ruhig von der positiven Wirkung, die das auf Sie hatte!

Der hedonistische Kick

Die Psychologen Leaf Van Boven und Tom Gilovich baten ihre Probanden, das Glücksgefühl nach dem Kauf eines Gegenstandes mit dem Glücksgefühl nach dem Kauf eines Erlebnisses zu vergleichen. 57 % gaben an, das Erlebnis habe sie glücklicher gemacht, nur bei 34 % sorgte der Gegenstand für mehr Glücksgefühle. Das liegt wahrscheinlich daran, dass wir uns an Erlebnisse langsamer anpassen als an Dinge, vielleicht, weil wir sie öfter antizipieren (Vorfreude) und gedanklich häufiger darauf zurückgreifen (Erinnerung).

Als die Probanden später gefragt wurden, wie glücklich sie waren, war relevant, ob sie das Geld für sich oder für andere ausgegeben hatten.

Viele kleine Sachen statt einer großen

Hätten Sie lieber eine lange Massage oder zwei kurze? Forscher wollten herausfinden, ob das Unterbrechen einer Erfahrung die Freude daran vergrößert oder mindert. Sie boten einer Gruppe eine 3-minütige Massage an, der anderen zwei kürzere im Umfang von 2 Minuten 40 Sekunden. Normalerweise würde man das erste Angebot als höherwertig erachten, und auch die meisten Teilnehmer glaubten, eine lange Massage sei besser. Als die zweite Gruppe aber dann die beiden kürzeren Massagen bekommen hatte, wertete sie diese höher als eine lange Massage und war bereit, mehr für ein Massagekissen auszugeben.

Hier offenbart sich das erste Gossensche Gesetz, auch Sättigungsgesetz genannt: Je mehr wir von etwas besitzen, desto kleiner ist der Glückszuwachs. Ein Erlebnis, das doppelt so lange währt, macht uns nicht automatisch doppelt so viel Freude.

GRÖSSTMÖGLICHE GLÜCKSAUSBEUTE

Je besser wir verstehen, wie wir auf psychologischer Ebene funktionieren, desto einfacher können wir unser Geld so ausgeben, dass wir davon profitieren. Wenn wir z. B. wissen, dass wir uns an viele kleine Käufe langsamer anpassen als an einen großen, vergrößern wir einfach die Abstände zwischen ihnen. Hier kommen weitere Tipps.

Typgerecht Geld ausgeben

Damit Sie wirklich maximal vom Geldausgeben profitieren, muss es zu Ihrem Persönlichkeitstyp passen. Sandra Matz und ihr Team rekrutierten Probanden, die sich selbst als entweder sehr ausgeprägt oder sehr wenig extravertiert einschätzten (Extraversion ist einer der Big-Five-Persönlichkeitsfaktoren). Die Forscher gaben ihnen einen Gutschein, der entweder für eine sehr gesellige Aktion (Kneipenbesuch) oder eine sehr zurückgezogene (Buchkauf) galt, und die Probanden gaben ihren Glückslevel an, als sie den Gutschein erhielten, als sie ihn einlösten und 30 Minuten danach. Die Extravertierten waren in beiden Fällen ein bisschen glücklicher. Die Introvertierten waren glücklicher, als sie den Buchgutschein einlösten, aber deutlich unglücklicher in der Kneipe. Das zeigt: Wenn das Geldausgeben nicht zur Persönlichkeit passt, findet kein Glückszuwachs statt, und in manchen Fällen, wenn es überhaupt nicht passt, wird Geldausgeben sogar als nachteilig empfunden.

Wer per Vorkasse bezahlt, kann das Konsumerlebnis voll genießen.

Kaufen Sie sich Zeit!

Wenn Zeit bei Ihnen ein knappes Gut ist, sollten Sie in Zeit investieren. Bezahlen Sie jemanden dafür, dass er oder sie für Sie Haushaltsdinge abarbeitet, kocht, einkaufen geht oder sonst etwas erledigt, von dem Sie den Eindruck haben, dass es Sie Zeit und Nerven kostet.

Forscher gaben berufstätigen Erwachsenen an zwei aufeinanderfolgenden Wochenenden je 40 Dollar. Per Zufall wurde bestimmt, dass sie das Geld entweder für eine Zeitersparnis oder für etwas Materielles ausgeben sollten, am zweiten Wochenende für die jeweils andere Option. Jedes Wochenende gab die Person ihren Glückslevel insgesamt und ihren zeitlichen Stresslevel an. An den Wochenenden mit Zeitersparnis war der Glückslevel insgesamt höher (mehr gute Laune, weniger schlechte Laune, weniger Zeitstress), egal, ob es das erste oder zweite Wochenende war.

Vorkasse: Kaufe jetzt, konsumiere später!

Dieses Motto steht im krassen Widerspruch zu den Werbeslogans der Kreditkartenanbieter! Etwas per Vorauszahlung zu erwerben und später zu konsumieren, mildert den in Lektion 6 beschriebenen Schmerz des Bezahlens. Sie haben ja schon bezahlt und können nun das Konsumerlebnis voll genießen, ohne sich darum kümmern zu müssen, wie oder wann Sie den Gegenstand kaufen können. Außerdem können Sie sich durch das Im-Voraus-Bezahlen länger auf das Ereignis freuen. Dieses Vorgreifen ist ein Zusatzbonus zum eigentlichen Konsum, und Antizipation scheint eine stärkere Wirkung zu haben, als nur über etwas nachzudenken, auch wenn beides Freude bereiten kann.

TOOLKIT

17

Menschen sind Meister der Anpassung, und es fällt uns leichter, uns an eine Verbesserung unserer finanziellen Position anzupassen als an eine Verschlechterung. Das kann problematisch sein, wenn wir das Abbezahlen unserer Schulden/Vorsorgen fürs Alter/Anlegen eines Geldpolsters auf den Zeitpunkt verschieben, an dem wir mehr verdienen. Denn sobald wir mehr verdienen, gewöhnen wir uns an die bessere Position und wollen sie beibehalten. Das sorgt für permanenten Druck, nach immer mehr zu streben, um einen gegebenen Glückslevel aufrechtzuerhalten.

18

Das Setzen von Zielen kann hilfreich sein, um finanzielle Planvorgaben zu erreichen. Doch Vorsicht: Manche Methoden sind besser geeignet als andere, und es kann zu unerwünschten Nebeneffekten kommen. Sich ein konkretes und mäßig schwieriges Ziel zu setzen, ist ein guter Anfang. Es sollte schwierig genug sein, dass es der Mühe wert ist, aber nicht so schwer, dass es sich unerreichbar anfühlt.

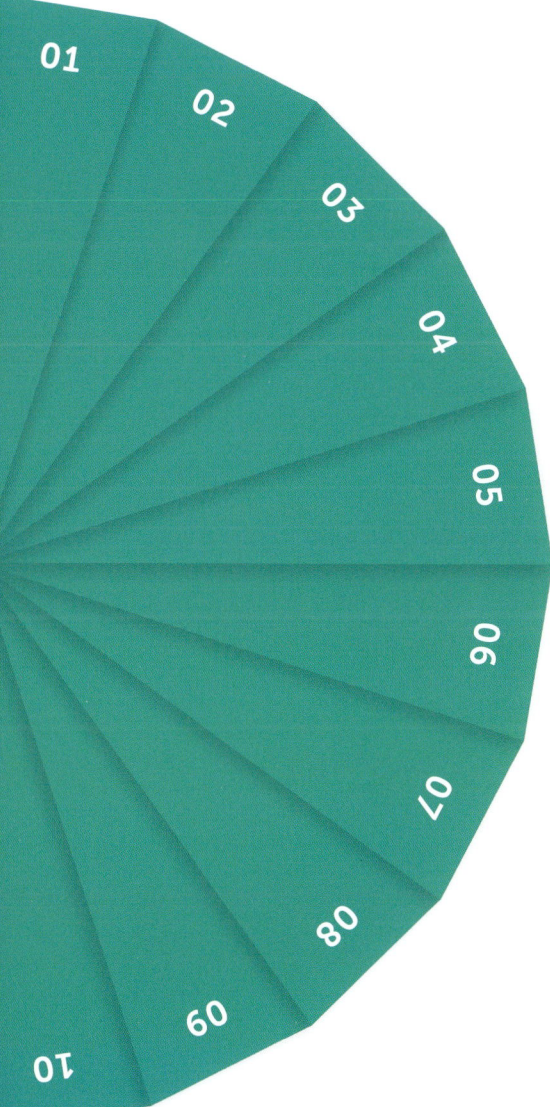

19

Willenskraft ist ein nützliches Potenzial. Eine Theorie besagt: Wenn Sie glauben, dass Willenskraft mit dem Gebrauch schwindet oder anwächst, dann werden Sie genau diese Erfahrung machen. Wenn Sie mit einer Versuchung konfrontiert werden, können Wenn-Dann-Pläne oder eine psychologische Distanzierung vom unmittelbaren Wunsch in Verbindung mit einer Vergegenwärtigung der zukünftigen Belohnung helfen. Alternativ können Sie Ihr Umfeld so gestalten, dass Sie möglichst wenigen Versuchungen ausgesetzt sind.

20

Wie erreichen Sie die größtmögliche Glücksausbeute? Forscher fanden heraus, dass das Geldausgeben für Erfahrungen (statt Dinge) und für andere Menschen (statt für sich selbst) uns zufriedener macht. Ersetzen Sie große gelegentliche Anschaffungen durch kleinere, um die Anpassung abzuschwächen. Wenn Sie immer zu wenig Zeit haben, wird es Ihnen wahrscheinlich besonders viel Wohlbefinden bringen, wenn Sie sich „Zeit kaufen". Weitere Tipps: Bezahlen Sie per Vorkasse und achten Sie darauf, dass Ihre Geldausgaben zu Ihrer Persönlichkeit passen, dann haben Sie wahrscheinlich die meiste Freude daran.

ZUR VERTIEFUNG

LESEN

If money doesn't make you happy, then you probably aren't spending it right
Dunn, E. W., Gilbert, D. T. & Wilson, T. D. in: *Journal of Consumer Psychology*, 21(2), S. 115–125 (2011)

Wie man gelassen mit Geld umgeht
John Armstrong (Kailash, 2012)

Der Marshmallow-Effekt. Wie Willensstärke unsere Persönlichkeit prägt
Walter Mischel (Pantheon, 2016)

BESUCHEN

stickK
Auf der Plattform stickK.com können Sie sich von einer internationalen Community emotionale Unterstützung holen, um das von Ihnen gesetzte Ziel zu erreichen.

betterplace.org
Bei Deutschlands größter Spendenplattform finden Sie das passende Hilfsprojekt oder Ehrenamt.
www.betterplace.org

TUN

Verwöhnen Sie sich!
Suchen Sie sich ein Wochenende aus, an dem Sie sich verwöhnen und versuchen, alle Tipps aus Lektion 20 auszuprobieren.

BUILD +
BECOME

EPILOG

Unser Verhältnis zu Geld – der Umgang damit, welche Entscheidungen wir treffen – ist elementar für unser finanzielles Wohlbefinden. Diese Beziehungen sind komplex und von vielen Dingen abhängig: der Beschaffenheit unserer Psyche, dem Verhalten der anderen, der jeweiligen Situation sowie unseren kulturellen und institutionellen Rahmenbedingungen.

Die Macht sozialer Beziehungen ist groß. Selbst wenn wir einen Freund nicht bewusst um Rat fragen, beeinflusst dessen Autokauf – Ferrari oder Dacia – unterschwellig unsere finanziellen Entscheidungen. Die Politik des Landes, in dem wir leben, bestimmt Gehaltsniveau, Lebenshaltungskosten und Rentenmodell. Kulturelle Werte und frühere Erfahrungen prägen unseren Bezug zu Geld und unsere finanziellen Prioritäten.

Es wäre sinnvoll, die eigene finanzielle Situation beherrschen zu können, aber unser persönlicher Handlungsspielraum ist begrenzt, manchmal geht trotz bester Absichten und viel Mühe etwas schief. Während wir also alle nach finanziellem Wohlbefinden streben sollten, gilt es gleichzeitig, die Grenzen anzuerkennen, die Zufall und Kontext setzen, sowie die Anstrengungen und Entscheidungen wertzuschätzen, mit deren Hilfe wir in Anbetracht der Lebensumstände unsere Position zu verbessern suchen.

Um finanzielles Wohlbefinden zu erreichen, müssen wir auf das Gleichgewicht achten. Wie wir unser Geld ausgeben wollen, können wir planen, wenn wir gelassen, gefasst und „kühl" sind, aber zum Einsatz kommen diese Pläne in der Hitze des Augenblicks. Kontrollierte, kühle Zustände

144

Während wir nach finanziellem Wohlbefinden streben sollten, gilt es gleichzeitig, die Grenzen anzuerkennen, die Zufall und Kontext setzen, sowie die Anstrengungen und Entscheidungen wertzuschätzen, mit deren Hilfe wir in Anbetracht der Lebensumstände unsere Position zu verbessern suchen.

und impulsive, „heiße" sind nicht immer im Einklang, aber wir können beiden Rechnung tragen, indem wir auf das Einhalten unserer Sparziele achten; aber auch ohne Schuldgefühle eine spontane Gelegenheit nutzen, z. B. einen Freund zu besuchen.

Ein gutes Verhältnis zu Geld bedeutet weder maßlosen, leichtfertigen Konsum noch extremen Minimalismus oder totale Anspruchslosigkeit. Gut mit Geld umgehen zu können, heißt, Pläne zu erstellen und diese so weit einzuhalten, wie sie uns nutzen, und genügend Puffer einzubauen, um auf unerwartete Ereignisse reagieren zu können.

Das Verständnis der merkwürdigen, besorgniserregenden und wundervollen Formen, mit Geld umzugehen, bedeutet hoffentlich einen kleinen Fortschritt auf dem Weg zu Ihrem finanziellen Wohlbefinden.

BIBLIOGRAFIE

EINLEITUNG UND KAPITEL 1
Quellenwerke und Empfehlungen zur Vertiefung

Brickman, P., Coates, D., Janoff-Bulman, R., „Lottery winners and accident victims: Is happiness relative?" in: *Journal of Personality and Social Psychology*, 36(8), 917 (1978)

Confer, J. C., Easton, J. A., Fleischman, D. S., Goetz, C. D., Lewis, D. M., Perilloux, C., Buss, D. M., „Evolutionary psychology: Controversies, questions, prospects, and limitations" in: *American Psychologist*, 65(2), 110 (2010)

Frey, B. S., Oberholzer-Gee, F., „The cost of price incentives: An empirical analysis of motivation crowding-out" in: *The American Economic Review*, 87(4), 746–755 (1997)

Furnham A., Wilson E., Telford K., „The meaning of money: The validation of a short money-types measure" in: *Personality and Individual Differences*, 52.6, 707–711 (2012)

Gilbert, D., Wilson, T. „Miswanting: Some problems in the forecasting of future affective states" in: *Thinking and feeling: The role of affect in social cognition*, hrsg. von Joseph P. Forgas, 178–197, Cambridge University Press (2000)

Gneezy, U., Rustichini, A., „A fine is a price" in: *The Journal of Legal Studies*, 29(1), 1–17 (2000a)

Gneezy, U., Rustichini, A., „Pay enough or don't pay at all" in: *The Quarterly Journal of Economics*, 115(3), 791–810 (2000b)

Gneezy, U., List, J. A., „Putting behavioral economics to work: Testing for gift exchange in labor markets using field experiments" in: *Econometrica*, 74(5), 1365–1384 (2006)

Griskevicius, V., Ackerman, J. M., Cantú, S. M., Delton, A. W., Robertson, T. E., Simpson, J. A., Thompson, M. E., Tybur, J. M., „When the economy falters, do people spend or save? Responses to resource scarcity depend on childhood environments" in: *Psychological Science*, 24(2), 197–205 (2013)

Griskevicius, V., Redden, J. P., Ackerman, J. M., „The Fundamental Motives for Why We Buy" in: *The Interdisciplinary Science of Consumption*, 33 (2014)

Helliwell, J., Layard, R., Sachs, J., *World Happiness Report 2017* (2017): www.worldhappiness.report

ING International Survey, „Savings 2017" (2017): www.ezonomics.com/ing_international_surveys/savings-2017/

Kenrick, D. T., Griskevicius, V., *The Rational Animal: How evolution made us smarter than we think*, Basic Books (2013)

Mead, N L., et al. „Social exclusion causes people to spend and consume strategically in the service of affiliation" in: *Journal of Consumer Research* 37.5, 902–919 (2010). Referenced in Kenrick & Griskevicius (2013).

Rick, S. I., Cryder, C. E. Loewenstein, G., „Tightwads and spendthrifts" in: *Journal of Consumer Research*, 34(6), 767–782 (2008)

Rick, S. I., Small, D. A. Finkel, E. J., „Fatal (fiscal) attraction: Spendthrifts and tightwads in marriage" in: *Journal of Marketing Research*, 48(2), 228–237 (2011)

Rick, S. I., „Chapter 8: Tightwads, Spendthrifts, and the Pain of Paying: New Insights and Open Questions" in: *The Interdisciplinary Science of Consumption*, hrsg. von Preston, S. D, Kringelbach, M. L., Knutson, B., 147–159, MIT Press (2014)

Sandel, M. J., *Was man für Geld nicht kaufen kann: die moralischen Grenzen des Marktes.* Ullstein, 2014

Spencer, N., „Hands up if you're an emotional shopper" (2013): www.ezonomics.com/stories/hands_up_if_youre_an_emotional_shopper/

Von Stumm, S., O'Creevy, M. F., Furnham, A., „Financial capability, money attitudes and socioeconomic status: Risks for experiencing adverse financial events" in: *Personality and Individual Differences*, 54(3), 344–349 (2013)

Wilson, T. D., Wheatley, T., Meyers, J. M., Gilbert, D. T., Axsom, D., „Focalism: A source of durability bias in affective forecasting" in: *Journal of personality and social psychology*, 78(5), 821 (2000)

Wilson, T. D., #Gilbert D. T., „Affective forecasting: Knowing what to want" in: *Current Directions in Psychological Science*, 14.3, 131–134 (2005)

KAPITEL 2
Quellenwerke und Empfehlungen zur Vertiefung

Ariely, D., „The Pain of Paying: The Psychology of Money" (2013): www.youtube.com/watch?v=PCujWv7Mc8o

Ariely, D., *Denken hilft zwar, nützt aber nichts,* Kapitel 1 und 2, Droemer (2015)

Ariely, D., Loewenstein, G., Prelec, D. „"Coherent arbitrariness": Stable demand curves without stable preferences" in: *The Quarterly Journal of Economics,* 118(1), 73–106 (2003)

Brykman S., „Resistance is useful! UI/UX case study: the indelicate art of friction" (2016): www.propelics.com/ui-friction/

Caldwell, L., *The Psychology of Price,* Crimson Publishing (2012)

Di Muro, F., Noseworthy, T. J., „Money isn't everything, but it helps if it doesn't look used: How the physical appearance of money influences spending" in: *Journal of Consumer Research,* 39.6, 1330–1342 (2012)

Duhigg, C., *Die Macht der Gewohnheit: warum wir tun, was wir tun,* Piper (2014)

eZonomics, „Why frictionless banking isn't right for everyone" (2017): www.ezonomics.com/blogs/why-frictionless-banking-isnt-right-for-everyone/

Gherzi, S., Egan, D., Stewart, N., Haisley, E., Ayton, P., „The meerkat effect: Personality and market returns affect investors' portfolio monitoring behaviour" in: *Journal of Economic Behavior & Organization,* 107, 512–526 (2014)

Henley J., „Sweden leads the race to become cashless society" (2016): www.theguardian.com/business/2016/jun/04/sweden-cashless-society-cards-phone-apps-leading-europe

ING International Survey, „Savings 2017" (2017): www.ezonomics.com/ing_international_surveys/savings-2017/

ING International Survey, „Mobile Banking 2017 – Cashless Society" (2017): www.ezonomics.com/ing_international_surveys/mobile-banking-2017-cashless-society/

Kahneman D., *Schnelles Denken, langsames Denken,* Penguin (2017)

Karlsson, N., Loewenstein, G., Seppi, D., „The ostrich effect: Selective attention to information" in: *Journal of Risk and Uncertainty,* 38(2), 95–115 (2009)

Knutson, B., Rick, S., Wimmer, G. E., Prelec, D., Loewenstein, G., „Neural predictors of purchases" in: *Neuron,* 53.1, 147–156. (2007)

Milkman, K. L., Minson, J. A., Volpp, K. G., „Holding the Hunger Games hostage at the gym: An evaluation of temptation bundling" in: *Management Science,* 60.2, 283–299 (2013)

Money Advice Service, „Money lives" (2014): www.moneyadviceservice.org.uk/en/corporate/money-lives

Murray, N., Holkar, M., Mackenzie, P., „In Control" (2016): www.moneyandmentalhealth.org/shopping-addiction

Olafsson, A., Pagel, M., „The ostrich in us: Selective attention to financial accounts, income, spending, and liquidity" in: *National Bureau of Economic Research Working Papers,* 23945, (2017)

Reynolds, E., „Could adding friction to spending improve people's mental health?" (2017): www.theguardian.com/technology/2017/feb/04/tech-banking-mental-health-anxiety-bipolar-disorder

RSA, „Student Design Award Winners" (2016): www.thersa.org/action-and-research/rsa-projects/design/student-design-awards/winners/winners-2016-2. Design: Max Pyuman, University of Nottingham

RSA, „Student Design Award Winners" (2017): www.thersa.org/discover/publications-and-articles/rsa-blogs/2017/06/designing-our-futures-announcing-the-2017-rsa-student-design-award-winners

Ruberton, P. M., Gladstone, J., Lyubomirsky, S. „How your bank balance buys happiness: The importance of "cash on hand" to life satisfaction" in: *Emotion,* 16.5, 575 (2016)

Shiv, B., Carmon, Z., Ariely, D., „Placebo effects of marketing actions: Consumers may get what they pay for" in: *Journal of Marketing Research,* 42.4, 383–393 (2005)

Sicherman, N., Loewenstein, G., Seppi, D. J., Utkus, S. P., „Financial attention" in: *The Review of Financial Studies*, 29(4), 863–897 (2015)

Soman, D., „Effects of payment mechanism on spending behavior: The role of rehearsal and immediacy of payments" in: *Journal of Consumer Research*, 27.4, 460–474 (2001)

KAPITEL 3
Quellenwerke und Empfehlungen zur Vertiefung

Amar, M., Ariely, D., Ayal, S., Cryder, C. E., Rick, S. I., „Winning the battle but losing the war: The psychology of debt management" in: *Journal of Marketing Research*, 48(SPL), S38–S50 (2011)

Berman, J. Z., Tran, A. T., Lynch Jr, J. G., Zauberman, G., „Expense Neglect in Forecasting Personal Finances" in: *Journal of Marketing Research*, 53(4), 535–550 (2016)

Davidai, S., Gilovich, T., „The headwinds/tailwinds asymmetry: An availability bias in assessments of barriers and blessings" in: *Journal of Personality and Social Psychology*, 111.6, 835 (2016)

Frank, R., *Ohne Glück kein Erfolg. Der Zufall und der Mythos der Leistungsgesellschaft*, dtv (2018)

Gathergood, J., Weber, J., „Self-control, financial literacy & the co-holding puzzle" in: *Journal of Economic Behavior & Organization*, 107, 455–469 (2014)

Gathergood, J., Mahoney, N., Stewart, N., Weber, J., „How Do Individuals Repay Their Debt? The Balance-Matching Heuristic" in: *National Bureau of Economic Research Working Papers*, 24161 (2017)

Hammond, C., *Erst denken, dann zahlen. Die Psychologie des Geldes und wie wir sie nutzen können*. Klett-Cotta (2017)

Huo, Y., Forschung zitiert in Frank (2018).

Kahneman D., *Schnelles Denken, langsames Denken*. Penguin (2017)

Lewis, M., „Obama's Way" (2012): www.vanityfair.com/news/2012/10/michael-lewis-profile-barack-obama

Loewenstein, G., Bryce, C., Hagmann, D., Rajpal, S., „Warning: You are about to be nudged" in: *Behavioral Science & Policy*, 1(1), 35–42 (2015)

Mani, A., Mullainathan, S., Shafir, E., Zhao, J., „Poverty impedes cognitive function" in: *Science*, 341(6149), 976–980 (2013)

McHugh, S., Ranyard, R., „Consumers' credit card repayment decisions: The role of higher anchors and future repayment concern" in: *Journal of Economic Psychology*, 52, 102–114 (2016)

Mischel, W., *Der Marshmallow-Effekt. Wie Willensstärke unsere Persönlichkeit prägt*, Pantheon (2016)

Mullainathan, S., Shafir, E., *Knappheit: was es mit uns macht, wenn wir zu wenig haben*, Campus (2013)

Puri, M., Robinson, D. T., „Optimism and economic choice" in: *Journal of Financial Economics*, 86(1), 71–99 (2007)

Sharot, T., „The optimism bias" in: *Current Biology*, 21(23), R941–R945 (2011)

Shephard, D. D., Contreras, J. M., Meuris, J., te Kaat, A., Bailey, S., Custers, A., Spencer, N., „Beyond Financial Literacy" (2017) think.ing.com/uploads/reports/Beyond-financial-literacy_The-psychological-dimensions-of-financial-capability_Summary-paper.pdf

Stewart, N., „The cost of anchoring on credit-card minimum repayments" in: *Psychological Science*, 20(1), 39–41 (2009)

Sussman, A. B., Alter, A. L. „The exception is the rule: Underestimating and overspending on exceptional expenses" in: *Journal of Consumer Research*, 39(4), 800-814 (2012)

Telyukova, I. A., „Household need for liquidity and the credit card debt puzzle" in: *Review of Economic Studies*, 80(3), 1148–1177 (2013)

Twigger R., *Die Kunst, einfach gut zu sein*, Knaur (2018)

Vohs, K.D., „The poor's poor mental power" in: *Science*, 341(6149), 969–970 (2013)

Waitley, D., „Denis Waitley Quotes": www.brainyquote.com/quotes/denis_waitley_165018

KAPITEL 4
Quellenwerke und Empfehlungen zur Vertiefung

Ariely, D., Kreisler J., *Teuer ist relativ.* Econ (2018)

Andersen, T., Annear, S., Sweeney, E., „Lottery introduces woman who won $758.7m Powerball jackpot" (2017): www.bostonglobe.com/metro/2017/08/24/powerball-jackpot-won-single-massachusetts-ticket/pg9AyyG7Cl6bubZ3AlOS6I/story.html`

Brickman, P., Coates, D., Janoff-Bulman, R., „Lottery winners and accident victims: Is happiness relative?" in: *Journal of Personality and Social Psychology*, 36(8), 917 (1978)

Bryan, C. J., Hershfield, H. E., „You owe it to yourself: Boosting retirement saving with a responsibility-based appeal" in: *Decision*, 1(S), 2 (2013)

Chiaramonte, P., „Worker skips office mega pool, loses share of $319M" (2011): nypost.com/2011/03/30/worker-skips-office-mega-pool-loses-share-of-319m/

Choi, J. J., Laibson, D., Madrian, B. C., Metrick, A., „Defined contribution pensions: Plan rules, participant choices, and the path of least resistance" in: *Tax Policy and the Economy*, 16, 67–113 (2002)

FDIC, „Understanding Deposit Insurance": www.fdic.gov/deposit/deposits/

FSCS, „Banks/building societies": www.fscs.org.uk/what-we-cover/products/banks-building-societies/

Hagen, S., „The marshmallow test revisited" (2012): rochester.edu/news/show.php?id=4622

Hershfield, H. E., Goldstein, D. G., Sharpe, W. F., Fox, J., Yeykelis, L., Carstensen, L. L., Bailenson, J. N., „Increasing saving behavior through age-progressed renderings of the future self" in: *Journal of Marketing Research*, 48(SPL), S23–S37 (2011)

Ivey, P., „Eyes on the prize" (2017): www.homesandproperty.co.uk/property-news/woman-wins-845k-raffle-house-having-bought-just-40worth-of-2-tickets-a112936.html

Kahneman, D., Knetsch, J. L., Thaler, R. H., „Anomalies: The endowment effect, loss aversion, and status quo bias" in: *Journal of Economic Perspectives*, 5(1), 193–206 (1991)

Kahneman D., Tversky A., „Prospect theory: An analysis of decision under risk" in: *Handbook of the fundamentals of financial decision making: Part I.*, 99–127 (2013)

Kidd, C., Palmeri, H., Aslin, R. N., „Rational snacking: Young children's decision-making on the marshmallow task is moderated by beliefs about environmental reliability" in: *Cognition*, 126(1), 109–114 (2013)

Lusardi, A., Mitchell, O. S. „Financial literacy and planning: Implications for retirement wellbeing" in: *National Bureau of Economic Research Working Papers*, 17078 (2011)

Lyons Cole, L., „People who bought a Powerball lottery ticket prove a basic truth about money" (2017): uk.businessinsider.com/powerball-ticket-how-you-view-money-2017-8?r=US&IR=T

Mischel, W., *Der Marshmallow-Effekt. Wie Willensstärke unsere Persönlichkeit prägt*, Pantheon, 2016

Moffitt, T. E., Arseneault, L., Belsky, D., Dickson, N., Hancox, R. J., Harrington, H., et al., „A gradient of childhood self-control predicts health, wealth, and public safety" in: *Proceedings of the National Academy of Sciences*, 108(7), 2693–2698 (2011)

MoneySmart, „Banking": www.moneysmart.gov.au/managing-your-money/banking

Ocbazghi, E., Silverstein, S., „We tested an economic theory" (2017): uk.businessinsider.com/powerball-tickets-winning-numbers-regret-avoidance-behavioral-economics-2017-8

Spencer N., „When is the right time to eat stale doughnuts?" (2013): www.thersa.org/discover/publications-and-articles/rsa-blogs/2013/01/when-is-the-right-time-to-eat-stale-doughnuts

Thaler, R., *Misbehaving: Was uns die Verhaltensökonomik über unsere Entscheidungen verrät*, Siedler (2018)

Trope, Y., Liberman, N., „Construal-level theory of psychological distance" in: *Psychological Review*, 117(2), 440 (2010)

Van Gelder, J-L., Hershfield, H.E., Nordgren, L. F., „Vividness of the future self predicts delinquency" in: *Psychological Science*, 24.6, 974–980 (2013)

Weber, E. U., Johnson, E. J., Milch, K. F., Chang, H., Brodscholl, J. C., Goldstein, D. G., „Asymmetric discounting in intertemporal choice: A query-theory account" in: *Psychological Science*, 18.6, 516–523 (2007)

Zeelenberg, M., Pieters, R., „Consequences of regret aversion in real life: The case of the Dutch postcode lottery" in: *Organizational Behavior and Human Decision Processes*, 93(2), 155–168 (2004)

KAPITEL 5 UND EPILOG
Quellenwerke und Empfehlungen zur Vertiefung

Aknin, L. B., Sandstrom, G. M., Dunn, E. W., Norton, M. I., „It's the recipient that counts: Spending money on strong social ties leads to greater happiness than spending on weak social ties" in: *PloS One*, 6(2), e17018 (2011)

Aknin, L. B., Dunn, E. W., Whillans, A. V., Grant, A. M., Norton, M. I., „Making a difference matters: Impact unlocks the emotional benefits of prosocial spending" in: *Journal of Economic Behavior & Organization*, 88, 90–95 (2013)

Ariely, D., Kreisler, J., *Teuer ist relativ*. Kapitel 16. Econ, 2018

DeSteno, D., „The only way to keep your resolutions" (2017): mobile.nytimes.com/2017/12/29/opinion/sunday/the-only-way-to-keep-your-resolutions. html

Diener, E., Lucas, R. E., Scollon, C. N., „Beyond the hedonic treadmill: revising the adaptation theory of well-being" in: *American Psychologist*, 61(4), 305 (2006)

Dunn, E. W., Aknin, L. B., Norton, M. I., „Spending money on others promotes happiness" in: *Science*, 319 (5870), 1687–1688 (2008)

Dunn, E. W., Gilbert, D. T., Wilson, T. D., „If money doesn't make you happy, then you probably aren't spending it right" in: *Journal of Consumer Psychology*, 21.2, 115–125, (2011)

Fishbach, A., Dhar, R., „Goals as excuses or guides: The liberating effect of perceived goal progress on choice" in: *Journal of Consumer Research*, 32(3), 370–377 (2005)

Fishbach, A., Touré-Tillery, M., „Motives and Goals" in: *Introduction to Psychology: The Full Noba Collection*, Diener Education Fund Publishers (2014)

Frank, R. H., *The Darwin Economy: Liberty, competition, and the common good*, Princeton University Press (2011)

Frederick, S., Loewenstein, G., „Hedonic Adaptation" in: *Well-being: Foundations of Hedonic Psychology* by Kahneman D., Diener, E., & Schwarz, N., Russell Sage Foundation (1999)

Goleman, D., *Konzentriert Euch! Eine Anleitung zum modernen Leben*, Kapitel 8., Piper (2015)

Gollwitzer, P. M., Sheeran, P., „Implementation intentions and goal achievement: A meta-analysis of effects and processes" in: *Advances in Experimental Social Psychology*, 38, 69–119 (2006)

Heath, C., Larrick, R. P., Wu, G., „Goals as reference points" in: *Cognitive Psychology*, 38(1), 79–109 (1999)

Job, V., Dweck, C. S., & Walton, G. M., „Ego depletion – Is it all in your head? Implicit theories about willpower affect self-regulation" in: *Psychological Science*, 21(11), 1686–1693 (2010)

Kuhn, P., Kooreman, P., Soetevent, A., Kapteyn, A., „The Effects of Lottery Prizes on Winners and Their Neighbors: Evidence from the Dutch Postcode Lottery" in: *American Economic Review*, 101 (5): 2226-47 (2011)

Locke, E. A., Latham, G. P., „Building a practically useful theory of goal setting and task motivation: A 35-year odyssey" in: *American Psychologist*, 57(9), 705 (2002)

Matz, S. C., Gladstone, J. J., Stillwell, D., „Money buys happiness when spending fits our personality" in: *Psychological Science*, 27.5, 715–725 (2016)

Milkman, K. L., Minson, J. A., Volpp, K. G., „Holding the Hunger Games Hostage at the Gym: An evaluation of temptation bundling" in: *Management Science*, 60(2), 283–299 (2013)

Mischel, W., *Der Marshmallow-Effekt. Wie Willensstärke unsere Persönlichkeit prägt*. Pantheon (2016)

Moffitt, T. E., Arseneault, L., Belsky, D., Dickson, N., Hancox, R. J., Harrington, H., et al., „A gradient of childhood self-control predicts health, wealth, and public safety" in: *Proceedings of the National Academy of Sciences*, 108(7), 2693–2698 (2011)

Nelson, L. D., Meyvis, T., „Interrupted Consumption: Disrupting adaptation to hedonic experiences" in: *Journal of Marketing Research*, 45(6), 654–664 (2008)

Soman, D., Cheema, A., „When goals are counterproductive: The effects of violation of a behavioral goal on subsequent performance" in: *Journal of Consumer Research*, 31(1), 52–62 (2004)

Soman, D., Zhao, M., „The Fewer, the Better: Number of Goals and Savings Behavior" in: *Advances in Consumer Research*; 39, 45–46 (2011)

Tu, Y., Hsee, C. K., „Consumer happiness derived from inherent preferences versus learned preferences" in: *Current Opinion in Psychology*, 10, 83–88 (2016)

Whillans, A. V., Dunn, E. W., Smeets, P., Bekkers, R., Norton, M. I., „Buying time promotes happiness" in: *Proceedings of the National Academy of Sciences*, 114 (32), 8523–8527 (2017)

Woolley, K., Fishbach, A., „Immediate rewards predict adherence to long-term goals" in: *Personality and Social Psychology Bulletin*, 43(2), 151–162 (2017)

DIE AUTORIN

Nathalie Spencer ist Verhaltenswissenschaftlerin und arbeitet bei der Commonwealth Bank of Australia (CBA). Sie erforscht finanzielle Entscheidungsprozesse und wie die Erkenntnisse der Verhaltenswissenschaft genutzt werden können, um mehr finanzielle Zufriedenheit zu erreichen. Davor war Spencer in London bei der ING tätig, wo sie regelmäßig für *eZonomics* schrieb, sowie bei der RSA, wo sie unter anderem als Co-Autorin von *Wired for Imprudence: Behavioural Hurdles to Financial Capability* fungierte. Sie hat einen Bachelor-Abschluss in Wirtschaftslehre von der McGill University, Montreal und einen Master of Science in Verhaltensökonomie von der Maastricht University. In Boston (USA) geboren und aufgewachsen, lebte sie nach Zwischenstationen in Kanada, Deutschland und den Niederlanden mehr als zehn Jahre in Großbritannien, bevor sie nach Australien zog.

EBENFALLS LIEFERBAR:

Unsere Abhängigkeit von Technik wird mit jedem Tag größer, aber trotzdem wissen wir immer weniger über die von uns benutzten Geräte.

Hier kommt ein Updating zum Thema Moderne Technologie! Der Technik- und Wissenschaftsjournalist Gerald Lynch stillt unsere Neugierde mit einer kurzen und intensiven Einführung zu den wichtigsten aktuellen Errungenschaften des technischen und technologischen Fortschritts. Er untersucht, welchen Einfluss sie auf die Gesellschaft haben und wie wir sie nutzen können, um unser Potenzial voll zu entfalten.

In 20 Lektionen und zahlreichen Grafiken lernen Sie die bedeutendsten und spannendsten technologischen Entwicklungen unserer Zeit kennen, von fahrerlosen Transportsystemen über Künstliche Intelligenz (KI) bis zu Nanorobotern, damit Sie die Welt von heute, morgen und übermorgen besser verstehen. Zur Vertiefung wird am Ende jedes Kapitels auf weiterführende Literatur, Filme, Podcasts und Veranstaltungen verwiesen.

Gerald Lynch, derzeit leitender Redakteur der Technologie-Webseite *TechRadar*, war früher als Redakteur für die Webseiten *Gizmodo UK* und *Tech Digest* tätig, hat für Publikationen wie *Kotaku* und *Lifehacker* geschrieben und kommt regelmäßig bei der BBC als Technik-Experte zu Wort. Das ehemalige Jurymitglied für den James Dyson Award lebt mit seiner Frau in London.

GERALD LYNCH

BUILD + BECOME

MODERNE TECHNOLOGIE

BESCHEID WISSEN. IN EINE BESSERE ZUKUNFT STARTEN.

FIT FÜR DIE ZUKUNFT. TECHNISCH UP TO DATE.

Adam Ferner nimmt uns mit auf einen kurzen und intensiven Lehrgang zu den wichtigsten philosophischen Konzepten und zeigt, dass die Philosophie uns hervorragende Instrumente an die Hand gibt, um den Herausforderungen der Welt von heute zu begegnen. Nicht umsonst heißt Philosophie im Altgriechischen „Liebe zur Weisheit".

Angesichts der ethischen und moralischen Probleme, die unser moderner Lebensstil aufwirft, und der Bedeutung von Sozialkompetenz, lehrt uns die Philosophie, die richtigen Fragen zu stellen – und zu akzeptieren, dass wir nicht auf alle eine Antwort finden.

20 dynamische Lektionen führen uns von den Klassikern der Philosophiegeschichte zu den fortschrittlichsten Denkern unserer Zeit und machen Lust, ausgetretene Denkpfade zu verlassen und sich mit tiefgreifenden Themen zu beschäftigen.

Der Philosoph **Adam Ferner** hat in Frankreich und Großbritannien gelehrt, philosophiert aber am liebsten außerhalb des Elfenbeinturms. Neben seiner Lehr- und Forschungstätigkeit an der Universität schreibt er regelmäßig für *The Philosophers' Magazine*, arbeitet am Royal Institute of Philosophy und unterrichtet in Schulen und Jugendzentren in London.

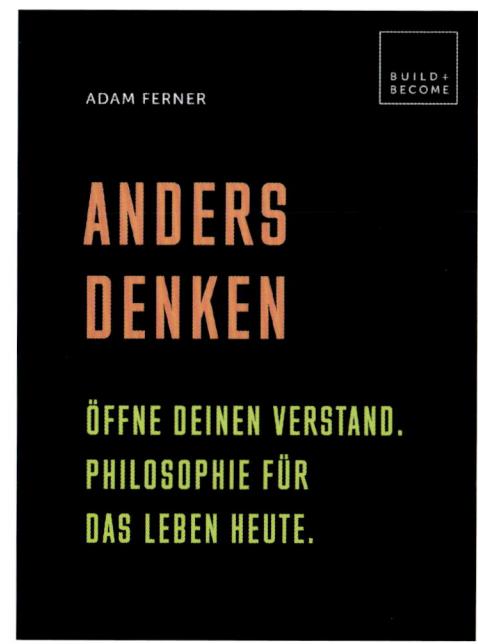

ADAM FERNER

BUILD + BECOME

ANDERS DENKEN

ÖFFNE DEINEN VERSTAND. PHILOSOPHIE FÜR DAS LEBEN HEUTE.

MIT PHILOSOPHIE IDEEN UND KRAFT FÜR DAS MODERNE LEBEN SCHÖPFEN.

„Dieses Buch heißt *Kreativ sein*. Achten Sie auf das Verb: ‚sein', nicht ‚werden'! Das ist wichtig, denn ich kann Ihnen versprechen: Sie müssen sich nicht erst auf eine lange Reise hin zur Kreativität begeben, sondern Sie *sind* bereits kreativ!"

Mithilfe von 20 praktischen, effektiven Übungseinheiten und zahlreichen Grafiken, die den dargestellten Sachverhalt anschaulich illustrieren, zeigt Michael Atavar Wege auf, Geist und Seele zu öffnen, eine neue Perspektive einzunehmen und die Kreativität zu entfesseln, die in jedem von uns steckt.

Egal, welche Leidenschaft man hegt, welche Kunst man ausübt oder welche Ziele man verfolgt – dieses Buch führt die Leser vom ersten, brillanten Einfall durch alle kniffeligen Entwicklungsschritte hindurch, bis tief schlummernde Ideen wahr werden.
Wir tun häufig so, als sei Kreativität etwas, das losgelöst von uns stattfindet. In Wirklichkeit aber, und das beweist dieses Buch, ist das schöpferische Element Teil unseres innersten Wesens.

Michael Atavar ist Künstler und Autor. Er hat vier Bücher über Kreativität verfasst – *How to Be an Artist, 12 Rules of Creativity, Everyone Is Creative* und *How to Have Creative Ideas in 24 Steps*. Er bietet Einzel-Coachings an, leitet Workshops und hält Vorträge; es lohnt, seine Website anzuschauen: www.creativepractice.com

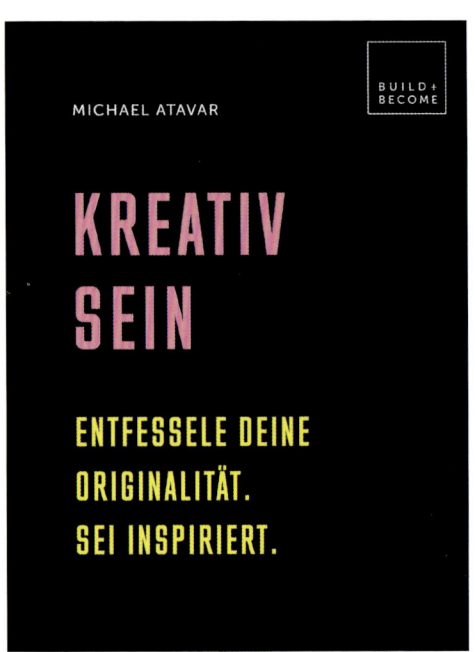

KREATIVITÄT FÄNGT BEI DIR AN!

Auf Grundlage aktueller Erkenntnisse aus der Verhaltenspsychologie und mit einem ungewöhnlichen visuellen Ansatz zeigt MENSCHENKENNTNIS, wie man seine Kommunikation optimieren, überzeugender argumentieren und die Motivation anderer besser einschätzen lernt – einfach dadurch, dass man versteht, warum Menschen bestimmte Dinge tun oder lassen.

In einer Welt, in der Kommunikation immer schneller abläuft, ist es von unschätzbarem Wert, die subtilen Verhaltensweisen zu verstehen, die im Hintergrund der alltäglichen Interaktionen ablaufen.

In 20 Einheiten „übersetzt" Rita Carter die Signale, an denen sich die wahren Gefühle und Absichten einer Person ablesen lassen, und zeigt auf, wie diese Zeichen sich auf Beziehungen auswirken und das Verhalten von Gruppen und Gesellschaften beeinflussen. Man erfährt die Erfolgsrezepte von Führungspersönlichkeiten und lernt, die Verhaltensmuster zu durchschauen, die bestimmen, wie wir handeln und kommunizieren.

Rita Carter hat einige preisgekrönte Bücher veröffentlicht, darunter *Das Gehirn*, *Gehirn und Geist* und *Atlas Gehirn*. Die wissenschaftliche Fachautorin mit dem Schwerpunkt Medizin und Hirnforschung lehrt in Seminaren und leitet internationale Workshops.
    Ihr Spezialgebiet ist das menschliche Gehirn: Was es tut, wie es das tut und warum. Rita Carter lebt in Großbritannien.

RITA CARTER

BUILD + BECOME

MENSCHEN- KENNTNIS

VERHALTENSWEISEN ENTSCHLÜSSELN. RICHTIG KOMMUNIZIEREN.

WIE DURCHSCHAUT MAN EINE LÜGE?

Wir leben länger als je zuvor und können dank immer neuer technischer Errungenschaften unvorstellbare Dinge realisieren. Aber warum mangelt es uns immer an Zeit? In 20 erhellenden Lektionen offenbart uns Catherine Blyth auf der Grundlage neuester Erkenntnisse aus Naturwissenschaft und Psychologie, warum uns die Zeit davonläuft, und gibt uns Instrumente an die Hand, um sie zurückzuholen.

Warum vergeht Zeit immer dann am schnellsten, wenn wir uns Verlangsamung wünschen? Wie können wir unser Tempo beeinflussen und warum passiert es uns ständig, dass wir Zeit vergeuden oder falsch einschätzen?

Aber wir können den Zeitfressern Einhalt gebieten, indem wir unsere innere Uhr neu einstellen, unseren Tagesablauf optimieren, uns am Augenblick erfreuen und die Langsamkeit entdecken. So lernen wir nicht nur, unsere Zeit zu genießen, sondern werden auch mehr erreichen.

Catherine Blyth ist Autorin, Redakteurin und war auch schon journalistisch tätig. Ihre Bücher, darunter *The Art of Conversation* und *On Time*, wurden weltweit veröffentlicht. Sie schreibt u. a. für *Daily Telegraph*, *Daily Mail* und *Observer* und moderiert die Radiosendung *Does Happiness Write White?* bei BBC Radio 4. Sie lebt in Oxford.

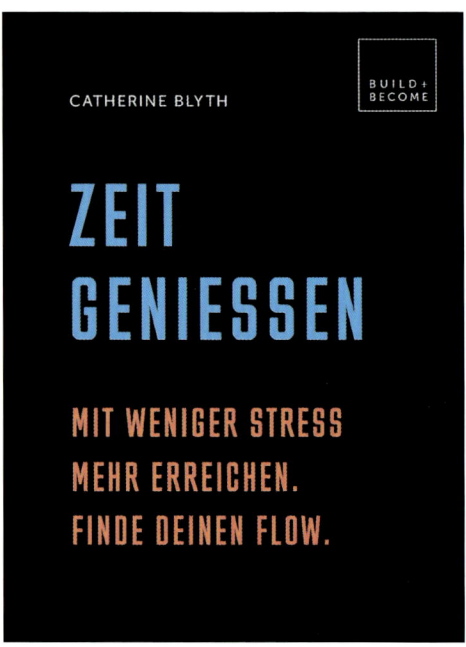

CATHERINE BLYTH

BUILD + BECOME

ZEIT GENIESSEN

MIT WENIGER STRESS MEHR ERREICHEN. FINDE DEINEN FLOW.

ZEIT IST DEIN LEBEN: STOPPE DIE ZEITFRESSER!

DANKSAGUNG

Viele Menschen haben bei der Entstehung dieses Buches mitgeholfen. Mein besonderer Dank gilt Lucy Warburton von White Lion Publishing, die das Buch in Auftrag gab, Emma Harverson für die Projektbearbeitung, Rachel Malig (Lektorat) und Stuart Tolley (Layout). Vielen Dank an alle, die Lektionen, Kapitel oder das ganze Buch gelesen und Feedback gegeben haben (Fehler gehen auf meine Rechnung!): Ian Bright, Jason Collins, Emily Daniels, Anne Lanjuin, Jeroen Nieboer, Scott Spencer und Juliette Tobias-Webb (in alphabetischer Reihenfolge). Ich danke allen jetzigen und früheren Kollegen für die vielen anregenden Gespräche über finanzielles Wohlbefinden und meiner Familie und meinen Freunden für ihre unermüdliche Unterstützung. Und schließlich ein großes Dankeschön an meinen Mann Scott. Ein Buch zu schreiben, während ich eine neue Stelle antrat und wir ans andere Ende der Welt zogen, hätte ich ohne ihn nicht geschafft.